Pão Diário

Adoração e Vida Cristã

90 DEVOCIONAIS TEMÁTICOS

ADORAÇÃO E VIDA CRISTÃ

"Teu amor é melhor que a própria vida; com meus lábios te louvarei. Sim, te louvarei enquanto viver..."
SALMO 63:3,4

ESCRITORES:
Adam R. Holz, Alyson Kieda, Amy Boucher Pye, Amy L. Peterson, Anne M. Cetas, Arthur L. Jackson, Dave Branon, David C. McCasland, David H. Roper, Estera Pirosca Escobar, Evan Morgan, James Banks, Jeff Olson, Jennifer Benson Schuldt, John Blasé, Julie Schwab, Kirsten H. Holmberg, Lawrence Darmani, , Linda Washington, Lisa M. Samra, Mart DeHaan, Monica Brands, Patricia Raybon, Peter Chin, Philip D. Yancey, Poh Fang Chia, Remy Oyedele, Ruth O'Reilly-Smith, Timothy L. Gustafson, William E. Crowder, Winn Collier, Xochitl E. Dixon.

Tradução: Renata Balarini, Rita Rosário, Sandra Pina, Thaís Soler
Revisão: Dalila Mendes, Dayse Fontoura, Lozane Winter
Adaptação e edição: Rita Rosário
Coordenação gráfica: Audrey Novac Ribeiro
Diagramação e capa: Denise Duck

Exceto se indicado o contrário, as citações bíblicas são extraídas da Bíblia Sagrada, Nova Versão Transformadora © 2016, Editora Mundo Cristão.

Proibida a reprodução total ou parcial, sem prévia autorização, por escrito, da editora. Todos os direitos reservados e protegidos pela Lei 9.610, de 19/02/1998.

Pedidos de permissão para usar para usar citações deste devocional devem ser direcionados a permissão@paodiario.org

PUBLICAÇÕES PÃO DIÁRIO
Caixa Postal 4190, 82501-970 Curitiba/PR, Brasil
E-mail: publicacoes@paodiario.org • Internet: www.paodiario.org

U7136 • 978-65-86078-73-2

© 2020 Ministérios Pão Diário. Todos os direitos reservados.
Impresso na China

Portuguese ODB Edition

INTRODUÇÃO

ADORAÇÃO E VIDA CRISTÃ

*Ó Senhor, honrarei e louvarei teu nome,
pois és meu Deus. Fazes coisas maravilhosas!
Tu as planejaste há muito tempo e agora as realizaste.*
—Isaías 25:1

Dizem os dicionários que a adoração é o ato de prestar culto, reverenciar, honrar, ter grande apreço por, amar de maneira extrema. Afirmam, também, que ela é o culto que deve ser tributado às pessoas da Santíssima Trindade. Nós adoramos o Deus trino quando reconhecemos constantemente que a nossa vida e o nosso destino dependem dele.

Na expectativa de trazer a você maior compreensão sobre a *adoração e a vida cristã*, selecionamos 90 mensagens do reconhecido devocional *Pão Diário* e as condensamos num único volume. Cada porção de leitura da Bíblia e cada exemplo explanado na meditação diária o incentivarão a adorar e honrar o Senhor. Não somente isso, mas moldarão as suas atitudes para o mundo descobrir que você é um vaso de barro nas mãos do Oleiro.

Você deseja ser um verdadeiro adorador a Deus? Quer caminhar diariamente ao lado dele? Para isso ocorrer é necessário compreender que a adoração ao único Deus, verdadeiro e santo, é basicamente o ato de prestar-lhe culto, reverenciá-lo, amá-lo excessivamente, reconhecer o Seu valor em cada passo. É demonstrar esse reconhecimento na maneira de viver a dádiva da vida.

A adoração só acontece quando concedemos a Deus o primeiro lugar em nossa vida. Quando nós o adoramos, tudo se torna mais compreensível e aceitável na jornada. Mesmo em meio aos sofrimentos, alegramo-nos por saber que não estamos sozinhos e que Deus nos orienta em cada situação.

O Senhor Deus deseja que o adoremos por tudo o que Ele é e que vivamos em Sua presença. Todos os pais se alegram quando recebem a gratidão de seus filhos. Nosso Pai celestial também é assim e aprecia a nossa adoração por Seus feitos. Ele sempre nos dá motivos para adorá-lo e andar ao Seu lado.

Veja como o a Palavra do Senhor nos inspira a adorá-lo e a dignificar Sua presença em nós:

...honrarei e louvarei teu nome, pois és meu Deus. Fazes coisas maravilhosas! (ISAÍAS 25:1).

...Deus é Espírito, e é necessário que seus adoradores o adorem em espírito e em verdade (JOÃO 4:24).

...todas as coisas vêm dele, existem por meio dele e são para ele. A ele seja toda a glória para sempre! (ROMANOS 11:36).

Grande é o SENHOR! Ele é digno de muito louvor! É impossível medir sua grandeza (SALMO 145:3).

Todos falarão de teus feitos notáveis, e eu anunciarei tua grandeza (SALMO 143:6).

Pois a ele clamei por socorro e o louvei enquanto falava (SALMO 66:17).

Seja exemplo para todos... (1 TIMÓTEO 4:12).

...amem os seus inimigos e orem por quem os persegue (MATEUS 5:44).

Oramos e "Pedimos a Deus que lhes conceda pleno conhecimento de sua vontade e também sabedoria e entendimento espiritual. Então vocês viverão de modo a sempre honrar e agradar ao Senhor, dando todo tipo de bom fruto e aprendendo a conhecer a Deus cada vez mais" (COLOSSENSES 1:9,10).

dos editores do Pão Diário

DIA 1

NOVOS COMEÇOS, NOVAS PRIORIDADES

Leitura: Eclesiastes 9:4-12

Tudo que fizer, faça bem feito... v.10

Sempre quis aprender a tocar violoncelo, mas nunca tive tempo de me matricular num curso. Ou, melhor dizendo, nunca arranjei tempo para isso. Eu pensava que, no Céu, provavelmente dominaria esse instrumento. Nesse meio tempo, queria concentrar-me em usar o meu tempo para servir a Deus da maneira como Ele me chamou a fazer. A vida é curta, e muitas vezes nos sentimos pressionados a usar o máximo do nosso tempo na Terra.

Mas o que isso realmente significa? Ao contemplar o significado da vida, o rei Salomão nos deixou duas recomendações. A primeira é que devemos viver da forma mais significativa possível, o que inclui aproveitar as coisas boas que Deus nos permite experimentar na vida, tais como comida e bebida, roupas elegantes e perfume, casamento (ECLESIASTES 9:7-9) e todos os dons de Deus, os quais podem incluir aprender a tocar violoncelo! A segunda recomendação tem a ver com o fazer bem feito (v.10). A vida é cheia de oportunidades, e sempre há algo mais a ser feito. Aproveitemos as oportunidades que Deus nos concede, buscando Sua sabedoria sobre como priorizar a Sua vontade para nós *e* como usar os nossos dons para servi-lo.

A vida é um dom maravilhoso do Senhor. Nós o honramos quando temos prazer em Suas bênçãos diárias e em servi-lo de forma significativa. PFC

*Pai, agradeço-te pela vida que me deste.
Ajuda-me a viver para ti, aproveitando as Tuas bênçãos
e cumprindo os Teus propósitos.*

**Podemos usufruir das bênçãos de Deus
e ser bênção para os outros.**

DIA **2**

PROSSEGUINDO

Leitura: Filipenses 3:7-14

...prossigo para o final da corrida, a fim de receber o prêmio celestial... v.14

Ao caminhar pela parte externa do prédio onde trabalho, fiquei espantado ao ver uma bela flor crescendo numa fenda entre placas de concreto sobre o chão. Apesar da circunstância desfavorável, a planta encontrara um ponto de apoio, enraizou-se na fenda seca e estava florescendo. Mais tarde, notei que uma unidade de ar-condicionado localizada diretamente acima da planta a molhava durante o dia inteiro. Embora seus arredores fossem hostis, a planta recebia daquela água o que precisava.

Às vezes pode ser difícil crescer na vida cristã, mas, quando perseveramos com Cristo, as barreiras são superáveis. Nossas circunstâncias podem ser desfavoráveis e o desânimo pode parecer um obstáculo. No entanto, se prosseguimos em nosso relacionamento com o Senhor, podemos florescer como aquela planta solitária. O apóstolo Paulo, apesar das severas dificuldades e desafios que enfrentou (2 CORÍNTIOS 11:23-27) não desistiu e afirmou: "...prossigo para o final da corrida, a fim de receber o prêmio celestial para o qual Deus nos chama em Cristo Jesus" (FILIPENSES 3:12,14).

Paulo percebeu que poderia fazer todas as coisas através do Senhor que o fortalecia (4:13), e nós também podemos se prosseguirmos com a ajuda daquele que nos fortalece. LD

Obrigado Pai, pois este é o dia que tu fizeste.

Deus concede a força que precisamos
para perseverar e crescer.

DIA 3

GLÓRIA EXTASIANTE

Leitura: 1 Crônicas 29:10-13

Ó SENHOR, a ti pertencem a grandeza, o poder, a glória, a vitória e a majestade... v.11

Um dos prazeres ao visitar a Europa é conhecer as grandes catedrais que apontam em direção ao céu e pontilham na sua paisagem. A arquitetura, a arte e o simbolismo nestes edifícios incríveis apresentam uma fascinante experiência de maravilhamento.

Enquanto vislumbrava essas estruturas construídas para refletir a magnificência de Deus e Seu surpreendente esplendor, perguntava-me como poderíamos recapturar em nosso coração e mente um sentimento semelhante da grandeza de Deus e sermos relembrados de Sua grandiosidade.

Uma maneira de fazermos isso é olharmos além das estruturas imponentes e reais feitas pelo homem para contemplar a grandeza do que o próprio Deus criou. Olhe para o céu estrelado e reflita sobre o poder do Senhor quando Ele determinou a existência do Universo. Segure um bebê recém-nascido em seus braços e agradeça a Deus pelo milagre da vida. Olhe as montanhas cobertas de vegetação ou o majestoso Oceano Atlântico repleto de milhões de criaturas feitas por Deus e imagine o poder que faz esse ecossistema funcionar.

A humanidade quer se aproximar do Céu com estruturas que se destinam a nos indicar a existência do grande Deus. Mas a nossa verdadeira admiração deve ser reservada ao próprio Deus quando exclamamos: "Ó SENHOR, a ti pertencem a grandeza, o poder, a glória, a vitória e a majestade..." (v.11). *JDB*

*Senhor, obrigado por nos lembrares
da Tua grandeza em Tua Palavra.*

Somente Deus é digno de toda a nossa adoração.

DIA **4**

TRANSFORMADOS E TRANSFORMANDO

Leitura: 2 Crônicas 33:9-17

Depois, restaurou o altar do SENHOR [...]. Também incentivou o povo de Judá a adorar o SENHOR... v.16

Tani e **Modupe** Omideyi cresceram na Nigéria e foram estudar no Reino Unido no final dos anos 70. Transformados pela graça de Deus, nunca imaginaram que seriam usados para transformar uma das comunidades mais carentes e segregadas da Inglaterra: Anfield, em Liverpool. Enquanto o casal buscava a Deus e servia à comunidade, o Senhor restaurava a esperança de muitos. Hoje, eles lideram uma igreja vibrante e trabalham em projetos comunitários que já transformaram inúmeras vidas.

Manassés mudou sua comunidade; primeiro para o mal e depois para o bem. Coroado rei de Judá aos 12 anos, ele fez o povo desviar-se e cometer atos ruins durante anos (vv.1-9). Eles não prestaram atenção aos alertas de Deus, e, assim, o Senhor permitiu que Manassés fosse levado como prisioneiro para a Babilônia (vv.10,11).

Na angústia, o rei clamou a Deus, que o ouviu e lhe restaurou o reino (vv.12,13). Transformado, o rei reconstruiu os muros da cidade e livrou-se dos deuses estranhos (vv.14,15). "Depois, restaurou o altar do SENHOR [...] Também incentivou o povo de Judá a adorar o SENHOR..." (v.16). Observando a transformação de Manassés, os israelitas também foram transformados (v.17).

Que Deus possa nos transformar e impactar nossas comunidades por nosso intermédio. *ROS*

Pai celestial, transforma a nossa vida para que sejamos usados por ti para levar a Tua transformação a outros.

Quando Deus o transforma, você leva transformação aos outros.

DIA 5

JESUS ESTÁ BEM ATRÁS DE VOCÊ

Leitura: Mateus 25:37-40

...quando fizeram isso ao menor destes meus irmãos, foi a mim que o fizeram. v.40

Já que minha filha tinha ficado pronta para a escola mais cedo, ela me perguntou se poderíamos parar numa cafeteria. Eu concordei. Quando chegamos à faixa da entrega rápida, falei: "Que tal espalhar um pouco de alegria nesta manhã?". Ela respondeu: "Claro".

Fizemos nosso pedido e fomos para a janela onde o atendente nos disse o quanto devíamos. Falei: "Queremos pagar o pedido da jovem logo atrás também". Minha filha colocou um enorme sorriso no rosto.

Num contexto maior, uma xícara de café talvez não pareça grande coisa. Ou será que é? Imagino se essa poderia ser uma forma de cumprir o desejo de Jesus de cuidarmos daqueles que Ele chamou de "o menor destes meus irmãos"? (v.40). Uma ponderação: que tal apenas pensar na pessoa próxima de você numa fila de candidatos? Então faça "isso" — talvez, uma xícara de café, talvez algo mais ou algo menos. Quando Jesus disse "foi a mim que o fizeram" (v.40), Ele nos deu grande liberdade de servir-lhe ao servirmos outras pessoas.

Ao sairmos dali, vimos a expressão da moça do carro de trás quando o atendente lhe entregou o café. Ambos estavam sorrindo de orelha a orelha. *JB*

Senhor, ajuda-me a não pensar que faço demais ao servir o próximo. Às vezes, as menores coisas significam mais do que eu imagino. Lembra-me sempre de que, o que eu fizer pelos outros, farei por ti.

Servimos a Cristo quando servimos o próximo.

DIA **6**

UM DEUS IRADO?

Leitura: Êxodo 33:18,19; 34:1-7

...Javé! O Senhor! O Deus de compaixão e misericórdia! v.6

Ao estudar mitologia, impressionei-me com o quanto os deuses se irritavam facilmente. As pessoas que eram objetos dessa ira tinham suas vidas destruídas por mero capricho.

Eu zombava delas, questionando-me como alguém poderia acreditar neles e me questionei: *Será que a minha visão do verdadeiro Deus é muito diferente? Não acredito que Ele se irrita fácil sempre que duvido dele?* Infelizmente, sim.

Por isso, aprecio o pedido de Moisés para Deus demonstrar a Sua glória (Êxodo 33:18). Tendo sido escolhido para liderar pessoas que resmungaram contra ele, o profeta queria certificar-se de que Deus o ajudaria com esta enorme tarefa. Seu pedido foi recompensado pela demonstração da glória de Deus. O Senhor anunciou a Moisés o Seu nome e Suas características; afirmando-lhe que é o Deus de compaixão e misericórdia! Lento para irar-se e cheio de amor e fidelidade (v.6).

Deus não é impulsivo, não é alguém que repentinamente golpeia com ira. Isso é reconfortante, especialmente quando lembro das vezes que me referi a Ele com impaciência ou críticas. Além disso, o Senhor age continuamente para me tornar mais semelhante a Ele mesmo.

Podemos ver Deus e Sua glória em Sua paciência conosco, na palavra encorajadora de um amigo, num belo pôr do sol ou, melhor de tudo, no sussurro do Espírito Santo em nosso interior. *LMW*

Deus Pai, estou grato por seres sempre compassivo, perdoador e fiel.

Embora nós, muitas vezes, mudemos, Deus jamais muda.

DIA **7**

CONHECER E AMAR

Leitura: João 10:7-16

**Minhas ovelhas ouvem a minha voz; eu as conheço,
e elas me seguem.** v.27

"**Cristo tem amor** por mim, sei que a Bíblia diz assim" (HCC 173) é a mensagem duradoura de uma das canções da música cristã que mais resistem ao tempo, especialmente para as crianças. Escrito por Anna B. Warner, nos anos 1800, essa letra traduz ternamente o nosso relacionamento com o Senhor: somos amados.

Alguém deu a minha esposa uma placa para enfeitar a nossa casa com os dizeres: "Jesus me *conhece*, eu *amo* isso". Essas palavras me trazem à mente uma perspectiva diferente sobre o nosso relacionamento com o Senhor — somos conhecidos.

Na remota Israel, amar e conhecer as ovelhas distinguia um verdadeiro pastor de um funcionário contratado. O pastor passava tanto tempo com suas ovelhas que desenvolvia o cuidado permanente e profundo conhecimento de seus cordeiros. Não admira que Jesus diz: "Eu sou o bom pastor; conheço as minhas ovelhas, e elas me conhecem. [...] Minhas ovelhas ouvem a minha voz; eu as conheço, e elas me seguem" (JOÃO 10:14,27).

Ele nos conhece e nos ama! Podemos confiar nos Seus propósitos para cada um de nós e descansar na promessa do Seu cuidado, porque o Pai sabe o que precisamos antes de lhe pedirmos (MATEUS 6:8). Ao lidar com os altos e baixos da vida hoje, descanse. Você é conhecido e amado pelo Pastor de seu coração. *WEC*

*Senhor, obrigado por me amares e cuidares de mim.
Ajuda-me a confiar em ti
em todas as circunstâncias da minha vida.*

**É maravilhoso pensar
que Jesus me conhece e me ama!**

DIA **8**

COMPARTILHANDO MAIS DO QUE COISAS

Leitura: Rute 1:11-18

Seu povo será o meu povo, e seu Deus, o meu Deus. v.16

"**Mas eu não quero** compartilhar!", lamentou o meu filho mais novo, triste por ter de se separar de uma das suas muitas peças de *Lego*. Irritei-me com a imaturidade dele, mas a verdade é que essa atitude não se limita somente às crianças. Quanto da minha própria vida, e mesmo de toda a experiência humana, é marcado pela teimosia em doar com generosidade?

Como cristãos, somos chamados para compartilhar nossa própria vida uns com os outros. Rute fez isso com a sua sogra, Noemi. A viúva necessitada tinha pouco a oferecer à nora. Mesmo assim, Rute uniu a própria vida à de sua sogra, fazendo um voto de que prosseguiriam juntas, e de que nem a morte as separaria, dizendo: "Seu povo será o meu povo, e seu Deus, o meu Deus" (v.16). Rute generosamente se doou à mulher mais idosa, demonstrando o seu amor e compaixão.

Por mais que compartilhar a nossa vida desse jeito possa ser difícil, devemos nos lembrar do fruto dessa generosidade. Rute compartilhou a sua vida com a sua sogra Noemi, e, mais tarde, gerou um filho — o avô do rei Davi. Jesus compartilhou a Sua própria vida conosco, depois foi exaltado e hoje reina à direita do Pai celestial. Quando compartilhamos generosamente uns com os outros, podemos confiar que teremos vida ainda melhor! *PC*

Jesus, ao compartilharmos a nossa vida com os outros, que possamos refletir o Teu amor.

Quando cuidamos uns dos outros, compartilhamos o amor de Deus.

DIA 9

MINHA AJUDA!

Leitura: Salmo 121

Meu socorro vem do SENHOR, que fez os céus e a terra! v.2

Há décadas, o Salmo 121 tem abençoado multidões com as suas palavras transformadas em cânticos. Ele começa com a confissão pessoal de fé no Senhor que criou o Universo. E Deus foi a fonte de ajuda do salmista (vv.1,2). Sua mensagem fala sobre: estabilidade (v.3), cuidado contínuo (vv.3,4), presença constante — proteção (vv.5,6) e defesa de todos os tipos de mal por agora e pela eternidade (vv.7,8).

A partir de suas interpretações das Escrituras, o povo de Deus identifica o Senhor como a sua fonte de "ajuda" por meio de suas canções. Minha experiência de adoração inclui levantar minha voz com outros que cantaram uma música de Charles Wesley: "Pai, levantarei as minhas mãos para ti, não conheço outra ajuda. Se te afastares de mim, para onde irei?". Lutero foi muito feliz ao escrever as palavras: "Castelo forte é nosso Deus, espada e bom escudo. Com Seu poder defende os Seus, em todo o transe agudo (CC 323)".

Você se sente só, desamparado, abandonado, confuso? Medite sobre o Salmo 121. Permita que ele fortaleça a sua alma com fé e coragem. Você não está só, portanto, não tente viver sem Deus. Ao contrário, alegre-se com o cuidado atual e eterno de Deus que já foi demonstrado na vida, na morte, na ressurreição e na ascensão de Jesus. E, independentemente de quais forem os próximos passos, dê-os com a ajuda do Senhor. *ALJ*

Pai, agradecemos-te por sabermos que tu és a nossa fonte de ajuda.

Deus, o Criador do Universo, é o Ajudador daqueles que o amam e servem.

DIA 10

PARA ONDE VOCÊ ESTÁ INDO?

Leitura: Salmo 121

...De onde me virá socorro? Meu socorro vem do Senhor... vv.1,2

O **que determina** a direção da sua vida? Entendi isso num curso de pilotagem de motos. Para aprender a pilotá-las, meus amigos e eu fizemos um curso. Parte do treinamento lidava com o que chamamos de fixação no alvo.

Nosso instrutor nos alertou: "Ocasionalmente vocês se depararão com um obstáculo inesperado. Se olharem para ele, fixos no alvo, irão em sua direção. Se olharem por cima e passarem por ele ao irem na direção que precisam, poderão evitá-lo normalmente. O lugar para onde estiverem olhando será a direção em que irão".

Esse princípio simples e profundo também se aplica à nossa vida. Quando focamos em nossos problemas ou lutas, quase automaticamente orientamos nossa vida ao redor disso. No entanto, as Escrituras nos encorajam a não pensarmos apenas em nossos problemas, mas a olharmos para Aquele que pode nos ajudar a resolvê-los. Lemos: "Olho para os montes e pergunto: De onde me virá socorro?". E a resposta: "Meu socorro vem do Senhor, que fez os céus e a terra [...] O Senhor o guarda em tudo o que você faz, agora e para sempre" (SALMO 121:1,8).

Muitas vezes os obstáculos parecem intransponíveis. Mas Deus nos convida a olhar para Ele a fim de nos ajudar a ver além dos nossos problemas, em vez de permitir que estes dominem as nossas perspectivas.
ARH

Pai, ajuda-me a olhar para ti sempre que me deparar com obstáculos temíveis enquanto busco seguir-te ao longo do caminho da vida.

Nosso socorro vem do Senhor, que fez os céus e a terra. SALMO 124:8

DIA 11

PROMESSAS, PROMESSAS

Leitura: 2 Pedro 1:1-9

...ele nos deu grandes e preciosas promessas. São elas que permitem a vocês participar da natureza divina... v.4

Minha filha mais nova e eu temos um jogo que chamamos de "beliscões". Quando ela sobe as escadas, eu a persigo e tento dar-lhe um pequeno beliscão. Mas só posso beliscá-la suavemente, é claro! Quando ela está no topo, está segura. Às vezes, porém, ela não está com vontade de brincar. E, se eu a acompanhar escada acima, ela diz: "Sem beliscões"! E eu respondo: *"Prometo".*

Essa promessa pode parecer pouco. Mas, quando *cumpro* o que digo, minha filha começa a entender algo sobre o meu caráter. Ela experimenta a minha consistência e percebe que a minha palavra é firme, que pode confiar em mim. É algo pequeno manter tal promessa. No entanto, mantê-la dá liga aos relacionamentos e isso estabelece o fundamento do amor e da confiança.

Creio que Pedro quis dizer isso ao escrever que as promessas de Deus nos permitem "participar da natureza divina" (2 PEDRO 1:4). Quando confiamos na Palavra de Deus e no que Ele diz sobre si mesmo e sobre nós, descobrimos o Seu favor para conosco. Essa confiança dá ao Pai a oportunidade de revelar a Sua fidelidade enquanto descansamos no que Ele diz ser a verdade. Sou grato porque as Escrituras estão repletas com as Suas promessas, pois elas são lembretes concretos de que "Suas misericórdias são inesgotáveis. Grande é sua fidelidade; suas misericórdias se renovam cada manhã" (vv.22,23). ARH

Senhor, ajuda-nos a reconhecer e a descansar na Tua verdade.

A Palavra de Deus revela
o Seu favor em relação a nós.

DIA **12**

DEUS DA VIDA

Leitura: Salmo 104:1-12,24-30

Todo o meu ser louve o Senhor, Ó Senhor, meu Deus, como és grandioso! Estás vestido de glória e majestade. v.1

Alguns invernos atrás, experimentamos um longo período de temperaturas de arrepiar os ossos, que só na primavera deram lugar ao clima mais quente. Durante duas semanas seguidas, o termômetro externo ficou abaixo de zero grau.

Em uma manhã particularmente fria, o som dos pássaros cantando quebrou o silêncio. Dezenas ou centenas cantavam alegremente. Se eu não soubesse nada a respeito, poderia crer que essas pequenas criaturas estavam clamando ao Criador para, por favor, aquecer ao redor!

Os ornitólogos nos dizem que os pássaros que ouvimos durante as manhãs do final do inverno são na maioria pássaros machos, tentando atrair companheiras e reivindicar seus territórios. O chilrear deles lembrou-me de que Deus concebeu a Sua criação para sustentar e florescer a vida — porque Ele é o Deus da vida.

O salmista exalta a terra florescente de Deus, dizendo: "Todo o meu ser louve o Senhor" (v.1)! Ele prossegue: "As aves fazem ninhos junto aos riachos e cantam entre os ramos das árvores" (v.12).

Do cantar e aninhar dos pássaros a um oceano "vasto e imenso" (v.25), vemos razões para louvar o Criador por tudo que Ele fez para garantir que toda a vida prospere. JRO

Graças a Deus pelo mundo que Ele criou.
Faça uma lista das partes da Sua criação que você aprecia
em especial. Agradeça-lhe uma por uma.

Ele existia antes de todas as coisas
e mantém tudo em harmonia. COLOSSENSES 1:17

DIA 13

OUVIDOS PARA OUVIR

Leitura: Jeremias 5:18-23

Ouça, povo tolo e insensato, que tem olhos, mas não vê, que tem ouvidos, mas não ouve. v.21

Ofereceram à atriz Diane Kruger um papel que tornaria o seu nome conhecido. Mas ela deveria interpretar uma jovem esposa e mãe que enfrentava a perda do marido e do filho. Na realidade, ela nunca havia sofrido uma perda tão grande e não sabia se conseguiria ser fiel às emoções da personagem. Diane aceitou o papel e começou a frequentar as reuniões de apoio para pessoas que vivenciavam a dor extrema do luto.

No início, ela dava sugestões e ideias ao ouvir as histórias das pessoas do grupo. Como a maioria de nós, ela queria ajudar. Mas aos poucos ela parou de falar e simplesmente passou a ouvir. Somente assim começou a aprender a se colocar verdadeiramente no lugar delas. A atriz adquiriu essa percepção utilizando-se dos seus ouvidos.

A acusação de Jeremias contra o povo foi a de que eles se recusavam a usar os "ouvidos" para ouvir a voz do Senhor. O profeta não mediu as palavras ao chamar o povo de Israel de "tolo e insensato" (v.21). Deus está agindo constantemente na nossa vida e comunicando palavras de amor, instrução, encorajamento e cautela. O desejo do Pai é que você e eu aprendamos e amadureçamos. E nós já recebemos os ouvidos como ferramentas para isso. A pergunta é: será que os usaremos para ouvir o coração do Pai?   *JB*

Pai, creio que estás sempre falando a nós.
Perdoa a minha teimosia de pensar que tenho todas
as respostas. Abre os meus ouvidos para que eu possa ouvir.

Se ouvirmos com atenção a voz do Senhor, amadureceremos na fé.

DIA **14**

É MARAVILHOSO!

Leitura: Apocalipse 21:1-3,10,11,23

**Louvado seja seu nome glorioso para sempre!
Que sua glória encha toda a terra. Amém e amém!**
Salmo 72:19

Em nosso estado natural, temos pouco *dela* (ROMANOS 3:23); Jesus é o resplendor *dela* (HEBREUS 1:3), e os que o conhecem *a* viram (JOÃO 1:14). No Antigo Testamento, *ela* encheu o tabernáculo (ÊXODO 40:34,35), e os israelitas foram conduzidos por *ela*. E nos foi prometido que, no final dos tempos, o Céu brilhará com *ela* em esplendor tão grande que não haverá necessidade do Sol (APOCALIPSE 21:23).

Quem é "ela" nas declarações acima? "Ela" é *a glória de Deus*. E Ele é maravilhoso!

A Bíblia nos diz que podemos desfrutar vislumbres da magnífica glória de Deus enquanto habitamos nesta Terra que Ele criou. A glória de Deus é descrita como a exibição exterior de Seu ser. Como não podemos ver a Deus, Ele nos dá imagens claras de Sua presença e Seu trabalho em coisas como a majestade do Universo, a grandeza de nossa salvação e a presença do Espírito Santo em nossa vida.

Hoje, busque a glória de Deus — a evidência de Sua grandeza. Você a verá na beleza da natureza, no riso de uma criança, no amor dos outros. Deus ainda enche a Terra com a Sua glória.

Obrigado, Pai celeste, pelo vislumbre de Tua glória que vemos agora, pela glória que sabemos existir em nosso Salvador e pela esperança do total conhecimento da glória que experimentaremos no Céu.

JDB

*De que maneira você tem visto
a glória de Deus em sua vida?*

**Podemos ver e desfrutar
da glória de Deus hoje e sempre.**

DIA 15

MUDANÇAS NO CORAÇÃO

Leitura: Números 9:15-23

Cada vez que a nuvem se elevava [...], o povo de Israel levantava acampamento e a seguia. v.17

De acordo com pesquisas científicas, os americanos mudam de endereço de 11 a 12 vezes na vida. Isso significa que 28 milhões de pessoas embalaram tudo e se mudaram em período recente.

Durante os 40 anos de Israel no deserto, a nuvem da presença de Deus guiou uma nação familiar inteira a mudar-se diversas vezes na expectativa de chegar a uma nova pátria. O relato é tão repetitivo que faz parecer uma comédia. Vez após vez, a enorme família embalava e desembalava não apenas os próprios pertences, mas também as tendas e o mobiliário do tabernáculo, onde Deus se encontrava com Moisés (ÊXODO 25:22).

Muitos anos depois, Jesus daria o significado mais completo para a história dessa época de mudanças de Israel. Em vez de guiá-los por meio de uma nuvem, Ele veio pessoalmente. Quando disse: "Sigam-me" (MATEUS 4:19), Jesus começou a mostrar que as transformações mais importantes de endereço acontecem nos caminhos do coração. Ao conduzir tanto amigos quanto inimigos aos pés de uma cruz romana, Ele demonstrou o quão longe o Deus da nuvem e do tabernáculo iria para nos resgatar.

Como mudanças de endereço, essas mudanças no coração são inquietantes. Um dia, porém, da janela da casa do Pai, veremos que Jesus conduziu todos nós ao longo de todo o caminho. MRD

Em que aspectos a escolha por seguir a Deus o inquieta? Como a oração pode ajudá-lo a fortalecer sua fé e confiança no Pai?

Senhor, queremos seguir-te. Ajuda-nos a ir para onde o Teu amor nos conduzir hoje.

DIA **16**

UM COBERTOR PARA TODOS

Leitura: João 18:15-18,25-27

Acima de tudo, amem uns aos outros sinceramente, pois o amor cobre muitos pecados. 1 Pedro 4:8

Linus era um personagem na tirinha *Peanuts*. Espirituoso e sábio, embora inseguro, sempre arrastava seu cobertorzinho. Podemos nos identificar com ele, pois também temos medos e inseguranças.

Pedro conhecia o medo. Quando Jesus foi preso, ele demonstrou coragem seguindo-o até o pátio do sumo sacerdote. No entanto, Pedro começou a demonstrar medo, mentindo para proteger sua identidade (vv:15-26). Ele negou o Senhor, porém Jesus jamais deixou de amá-lo e, por fim, restaurou-o (JOÃO 21:15-19).

A ênfase que Pedro dá ao amor veio de quem experimentou o profundo amor de Jesus. Ele enfatizou a sua importância em nossos relacionamentos com a palavra "acima de tudo". A intensidade do versículo segue com o encorajamento: "Acima de tudo, amem uns aos outros sinceramente, pois o amor cobre muitos pecados".

Você já precisou desse tipo de "cobertor"? Eu sim! Depois de dizer ou fazer algo do qual me arrependi, senti o terror da culpa e da vergonha. E precisava ser "coberto" da forma como Jesus envolveu as pessoas desonradas e cheias de vergonha nos evangelhos.

Para os seguidores de Jesus, o amor é um "cobertor" concedido graciosa e corajosamente para o consolo e a recuperação de outros. Como receptores de tão grande amor, sejamos doadores de tal tipo de "cobertor". ALJ

*Pai, Teu amor, em Jesus e através dele,
nos resgata continuamente. Ajuda-me a ser um instrumento
do Teu amor salvador para os outros.*

Deus nos ama — amemos uns aos outros.

DIA **17**

A EQUIPE AVANÇADA

Leitura: João 14:1-14

**Na casa de meu Pai há muitas moradas. [...]
Vou preparar lugar para vocês...** v.2

Recentemente, uma amiga se preparava para mudar-se para um lugar a mais de 1.600 quilômetros de sua cidade natal. Ela e o marido dividiram as tarefas para cumprir o prazo tão curto. Ele procurou a nova casa enquanto ela embalava os pertences da família. Surpreendeu-me a habilidade dela em se mudar sem ver a região ou participar da busca pela casa, e perguntei-lhe como ela conseguia isso. Reconhecendo o desafio, disse-me que podia confiar no marido, que sempre fora atento às preferências e necessidades dela ao longo dos anos.

No cenáculo, Jesus falou aos Seus discípulos sobre a traição e Sua morte que ocorreria em breve. Aproximavam-se as horas mais sombrias da vida terrena de Jesus, e deles também. Jesus os consolou garantindo-lhes que prepararia um lugar para eles no Céu, assim como o marido de minha amiga preparou um novo lar para sua família. Quando os discípulos o questionaram, Jesus os lembrou da história e dos milagres que eles haviam testemunhado ao Seu lado. Embora viessem a entristecer-se pela morte e pela ausência de Jesus, o Mestre os relembrou de que poderiam confiar nele para cumprir Suas promessas.

Até mesmo em meio às horas sombrias, podemos confiar que Jesus nos guiará a um lugar de bondade. Ao andarmos com o Senhor, também aprenderemos a confiar cada vez mais em Sua fidelidade. *KHH*

*Ajuda-me, Senhor, a descansar em ti quando
minha vida parece incerta e difícil. Tu és confiável e bom.*

**Podemos confiar em Deus
para nos guiar em tempos difíceis.**

DIA **18**

AFUNDANDO NA GRAÇA

Leitura: Salmo 127:1,2

...Deus cuida de seus amados enquanto dormem. v.2

Finalmente, em 8 de janeiro de 1964, Randy Gardner, de 17 anos, fez algo que estava sem fazer havia 11 dias e 25 minutos: dormiu. Ele queria entrar para o livro dos recordes como o ser humano que ficara mais tempo sem dormir. Com refrigerantes, basquete e boliche, Gardner rejeitou o sono por uma semana e meia. Antes de desmoronar, o paladar, o olfato e a audição saíram de seu controle. Décadas depois, Gardner sofreu severos episódios de insônia. Ele estabeleceu o recorde, mas também confirmou o óbvio: o sono é essencial.

Muitos lutam para ter uma noite de sono decente. Diferentemente de Gardner, que se privou de forma intencional, podemos sofrer de insônia por diversas razões, incluindo muita ansiedade: o medo de tudo o que precisamos fazer, o pavor das expectativas dos outros, a angústia de viver num ritmo frenético. Às vezes, é difícil afastar o medo e relaxar.

O salmista nos diz que, "se o Senhor não constrói a casa", trabalhamos em vão (v.1). Nossos esforços incessantes são inúteis a menos que Deus providencie aquilo que precisamos. Felizmente, Deus nos supre e "cuida de seus amados enquanto dormem" (v.2). O amor de Deus se estende a todos nós. Ele nos convida a lhe entregarmos as nossas ansiedades e a mergulharmos em Seu descanso, em Sua graça. *WC*

Deus, estou tão ansioso. Estou agitado por dentro.
Busco a Tua ajuda e confio a minha noite,
o meu dia e toda a minha vida a ti.

Confiar em Deus nos livra da ansiedade
e nos garante o descanso.

DIA **19**

SACRIFÍCIO VIVO

Leitura: Romanos 12:1-8

**...suplico-lhes que entreguem seu corpo a Deus [...]
Que seja um sacrifício vivo e santo...** v.1

Minha tia-avó tinha um excelente trabalho na área de publicidade e viajava bastante. No entanto, ela optou por desistir da sua carreira por amor aos pais. Eles viviam em outro estado e precisavam de cuidados. Os irmãos dela haviam morrido jovens e em circunstâncias trágicas, e ela era a única filha viva. Para ela, servir aos pais era uma demonstração da sua fé.

A carta do apóstolo Paulo para a igreja de Roma aconselhava os cristãos a serem um "sacrifício vivo e santo, do tipo que Deus considera agradável" (v.1). Ele esperava que levassem o amor sacrificial de Cristo uns aos outros. E pediu para que os romanos não se considerassem melhores do que deveriam (v.3). Quando se envolveram em desacordos e divisões, Paulo os conclamou a deixar o orgulho, dizendo: "somos membros diferentes do mesmo corpo, e todos pertencemos uns aos outros" (v.5). Ele ansiava que esses cristãos demonstrassem amor sacrificial uns aos outros.

A cada dia, temos a oportunidade de servir o próximo. Por exemplo, podemos deixar alguém passar à nossa frente numa fila ou, como minha tia-avó, cuidar de um enfermo. Ou talvez compartilhemos nossa experiência ao dar conselhos e orientações. Quando nós nos oferecemos como sacrifício vivo, honramos a Deus. *ABP*

*Senhor Jesus Cristo, foste humilhado e entregaste a
Tua vida para que eu vivesse. Que eu jamais
esqueça dessa preciosa dádiva de graça e amor.*

**Quando servimos aos outros em nome de Jesus,
agradamos a Deus.**

DIA 20

JUÍZO COM MISERICÓRDIA

Leitura: Tiago 2:1-13

Portanto, em tudo que disserem e fizerem, lembrem-se de que serão julgados pela lei que os liberta. v.12

Quando os meus filhos estavam discutindo e vieram queixar-se um do outro, ouvi a versão de cada um, separadamente. Como ambos eram culpados, ao final da conversa perguntei-lhes qual seria a consequência justa e adequada para a atitude do irmão. Ambos sugeriram rapidamente uma punição para o outro. Para surpresa deles, dei-lhes o castigo que eles mesmo tinham sugerido. De repente, eles lamentaram e acharam que a sentença parecia "injusta" — apesar de a terem considerado apropriada se fosse aplicada ao outro.

Meus filhos tinham demonstrado o tipo de "juízo sem misericórdia" contra o qual Deus alerta (v.13). Tiago nos lembra de que, em vez de demonstrar favoritismo aos mais ricos, ou a si mesmo, Deus deseja que amemos os outros como nos amamos (v.8). Em vez de usarmos os outros para ganhos egoístas, ou desprezarmos aquele cuja posição não nos beneficia, Tiago nos instrui a agirmos como pessoas que sabem o quanto nos foi dado e perdoado e a estendermos essa misericórdia aos outros.

Deus concede generosamente a Sua misericórdia. Em todos os nossos relacionamentos com outras pessoas, lembremo-nos da misericórdia que Ele nos demonstrou e a estendamos aos outros. *KHH*

Senhor, sou grato pela grande misericórdia que demonstraste comigo. Ajuda-me a oferecer misericórdia semelhante, aos outros, em gratidão a ti.

A misericórdia de Deus nos desperta para sermos misericordiosos.

DIA **21**

SEM COMPARAÇÃO

Leitura: João 21:17-25

O contentamento dá saúde ao corpo; a inveja é como câncer nos ossos. Provérbios 14:30

"**Um dia** desses, vou postar *tudo* no *Facebook* — não apenas as coisas boas!"

O comentário da minha amiga Sara ao seu marido me fez rir e pensar. As redes sociais podem ser algo bom, ajudando-nos a manter contato com os amigos e a orar pelos que estão distantes, mas também podem criar uma perspectiva irrealista da vida. Quando vemos somente postagens de "coisas boas", podemos pensar que a vida dos outros não tem problemas e questionar por que a nossa deu errado.

Comparar-se com os outros é a receita para a infelicidade. Quando os discípulos se compararam (LUCAS 9:46; 22:24), Jesus rapidamente desestimulou essa atitude. Após ressuscitar, Ele disse a Pedro como este sofreria por sua fé. O discípulo então se voltou para João e perguntou: "Senhor, e quanto a ele?". Jesus respondeu: "Se eu quiser que ele permaneça vivo até eu voltar, o que lhe importa? Quanto a você, siga-me" (JOÃO 21:21,22).

Jesus lhe mostrou o melhor remédio para as comparações prejudiciais. Quando a nossa mente está direcionada a Deus e em tudo o que Ele fez por nós, os pensamentos egoístas aos poucos vão embora, e ansiamos por segui-lo. No lugar do estresse e da pressão do mundo, o Senhor nos concede a Sua amorosa presença e paz. Nada pode comparar-se a Ele. *JBB*

De que forma podemos usar as redes sociais de maneira que honre ao Senhor? Como o relacionamento verdadeiro com Deus pode nos impedir de fazermos comparações prejudiciais?

A comparação rouba a alegria.
THEODORE ROOSEVELT

DIA **22**

PRECIOSO PARA DEUS

Leitura: Gênesis 1:26-31

Amados, visto que Deus tanto nos amou, certamente devemos amar uns aos outros.
1 João 4:11

Seu nome era Davi, mas a maioria das pessoas o chamava de "violinista da rua". Ele era um senhor idoso, desgrenhado, visto regularmente em lugares populares da cidade, serenando aos passantes com a sua habilidade incomum ao violino. Em troca, os ouvintes, às vezes, colocavam dinheiro no *case* do instrumento, aberto à frente deles. Davi sorria e acenava com a cabeça agradecendo, sem parar de tocar.

Recentemente, quando Davi morreu e seu obituário foi publicado num jornal local, soube-se que ele falava diversos idiomas, era formado por uma universidade de prestígio e já tinha concorrido ao senado anos antes. Muitos se surpreenderam, pois o avaliavam apenas pela aparência.

As Escrituras nos dizem que "Deus criou os seres humanos à sua própria imagem" (v.27). Isso revela o valor inerente dentro de cada um de nós, independentemente da aparência, das conquistas ou do que os outros possam pensar de nós. Mesmo quando escolhemos nos afastar de Deus em nosso pecado, ainda assim, Ele nos valorizou tanto que enviou o Seu único Filho para nos mostrar o caminho à salvação e à eternidade com Ele.

Somos amados por Deus, e todos ao nosso redor são preciosos para Ele. Que possamos expressar o nosso amor pelo Senhor, compartilhando o Seu amor com os outros. *JBB*

Pai celeste, obrigado por Teu maravilhoso amor por mim.
Oro para que outros possam ver o Teu amor
em minhas palavras e ações.

O amor de Deus é para ser compartilhado.

DIA **23**

ESPERE ATRASOS

Leitura: Provérbios 16:1-3,9

É da natureza humana fazer planos, mas é o Senhor quem dirige nossos passos. v.9

Eu já estava atrasado, mas a placa à frente me instruía a ajustar minhas expectativas: "Possíveis atrasos". O tráfego estava lento. Dei risada, pois sempre espero que tudo funcione no meu cronograma ideal; não espero obras na estrada. Espiritualmente, poucos de nós planejamos crises que desacelerem ou redirecionem a nossa vida. Ao pensar nisso, lembro-me de muitas vezes em que as circunstâncias me redirecionaram. Os atrasos acontecem.

Salomão nunca viu uma placa dessas, mas, em Provérbios 16, ele contrasta nossos planos com a direção de Deus. Uma versão bíblica parafraseou o verso 1: "As pessoas podem fazer seus planos, porém é o Senhor Deus quem dá a última palavra". E reafirma essa ideia no verso 9: "A pessoa faz os seus planos, mas quem dirige a sua vida é Deus". Em outras palavras, temos ideias do que deveria acontecer, mas, às vezes, Deus tem outro caminho para nós.

Como eu perco de vista essa verdade espiritual? Faço planos, mas, às vezes, esqueço-me de lhe perguntar quais são os Seus planos. E me frustro com as interrupções.

Mas, como ensina Salomão, que possamos em vez dessa preocupação simplesmente confiar que Deus nos guia, passo a passo, quando o buscamos em oração esperando a Sua orientação e permitindo que Ele continuamente nos redirecione. *ARH*

Como você enfrenta os atrasos e retornos inesperados? Quando surgem as frustrações, o que o ajuda a voltar-se para Deus e a confiar mais nele?

Substitua a ansiedade pela confiança.
Deus guiará o seu caminho.

DIA **24**

VIDA ALÉM DA COMPARAÇÃO

Leitura: Gênesis 29:31-35

Lia engravidou mais uma vez e deu à luz outro filho. [...] disse: "Agora louvarei ao SENHOR!". v.35

Num programa de TV, os adolescentes descobriram que as redes sociais desempenham um papel fundamental na maneira como eles determinam o valor próprio. Um deles observou: "O valor próprio [dos alunos] está atrelado às redes sociais — depende de quantas *curtidas* eles conseguem numa foto". Essa necessidade de aceitação pode levar a comportamentos extremos no ambiente online.

O anseio por ser aceito sempre existiu. Em Gênesis 29, Lia anseia pelo amor do marido, Jacó, o que se reflete nos nomes dos primeiros três filhos — todos manifestam a solidão dela (vv.31-34). Infelizmente, não há indicação de que Jacó lhe tenha dado a aceitação desejada.

Com o nascimento do quarto filho, Lia voltou-se para Deus, dando-lhe o nome de Judá, que significa "louvor" (v.35). Pelo que parece, ela encontrou sua importância em Deus e tornou-se parte da história da salvação divina: Judá foi o ancestral do rei Davi e, mais tarde, de Jesus.

Podemos buscar nossa relevância em muitas coisas, mas só em Jesus encontramos a nossa identidade como filhos de Deus, co-herdeiros de Cristo e pessoas que viverão para sempre com o Pai celestial. Como Paulo escreveu, nada neste mundo se compara "ao ganho inestimável de conhecer a Cristo Jesus" (FILIPENSES 3:8).

PC

Você luta para conquistar o seu valor e aceitação?
De que maneira a fé em Jesus lhe abre a porta
para conhecer a sua verdadeira identidade?

Pai, apenas no Senhor eu encontro a minha verdadeira identidade e a vida além das comparações!

DIA **25**

CONTINUE

Leitura: Êxodo 10:21-29

Pela fé, [Moisés] saiu do Egito sem medo da ira do rei... Hebreus 11:27

Trabalhar no mundo corporativo permitiu que eu interagisse com muitas pessoas talentosas. Entretanto, um projeto liderado à distância foi uma exceção. Apesar do progresso da equipe, o supervisor criticava nosso trabalho durante cada conferência semanal, o que me deixava desencorajada e temerosa. Às vezes, eu sentia vontade de pedir demissão.

É possível que Moisés tivesse sentido vontade de desistir quando encontrou o faraó durante a praga das trevas. Deus tinha lançado oito outros desastres épicos no Egito, e o faraó finalmente explodiu: "Fora daqui! [...] nunca mais apareça diante de mim! No dia em que vir meu rosto, você morrerá!" (ÊXODO 10:28).

Apesar da ameaça, Moisés foi usado por Deus para libertar os israelitas do domínio do faraó. "Pela fé, [Moisés] saiu do Egito *sem medo* da ira do rei e prosseguiu sem vacilar, como quem vê aquele que é invisível" (v.27). Moisés venceu o faraó por acreditar que Deus manteria a Sua promessa de libertação (ÊXODO 3:17).

Hoje, podemos confiar na promessa de que Deus está conosco em qualquer situação. Seu Espírito nos sustenta. Ele nos ajuda a resistir à pressão da intimidação e das respostas erradas, concedendo-nos poder sobrenatural, amor e domínio próprio (2 TIMÓTEO 1:7). O Espírito provê a coragem que precisamos para prosseguir e seguir a direção de Deus em nossa vida. JBS

Quais situações o aborrecem? Como você pode confiar em Deus ao enfrentá-las?

O Senhor nos protege, guia e ajuda a confiarmos nele em todas as situações.

DIA **26**

POSICIONANDO-SE CORAJOSAMENTE

Leitura: Deuteronômio 31:1-8

Portanto, sejam fortes e corajosos! Não tenham medo e não se apavorem diante deles. v.6

Enquanto a maioria dos líderes da igreja alemã se rendeu a Hitler, o teólogo e pastor Martin Niemöller esteve entre aqueles que resistiram ao nazismo. Li um relato que descrevia que, na década de 1970, um grupo de alemães idosos ficou do lado de fora de um hotel enquanto alguém, que aparentava ser jovem, arranjava a bagagem do grupo. Alguém lhes perguntou quem eles eram. E um deles respondeu: "Somos alemães, somos um grupo de pastores. "E quem é o jovem que está embarcando as bagagens?" Um deles respondeu: "É Martin Niemöller, ele tem 80 anos, mas aparenta jovialidade por ter sido sempre muito *corajoso*".

Niemöller não sucumbiu ao medo por ter algum gene sobre-humano, mas pela graça de Deus. Na realidade, ele havia tido opiniões antissemitas. Mas se arrependeu, e Deus o restaurou para disseminar e viver a verdade.

Moisés encorajou os israelitas a resistirem ao medo e a seguirem o Senhor em verdade. Quando sentiram medo após saber que Moisés logo lhes seria tirado, o profeta lhes deu uma palavra inabalável: "...sejam fortes e corajosos! Não tenham medo e não se apavorem [...] O Senhor, seu Deus, irá adiante de vocês" (v.6). Não havia motivo para temerem um futuro incerto por uma única razão: Deus estava com eles.

Independentemente da escuridão que surgir e dos terrores que o bombardearem, Deus é por você. Enfrente os seus medos sabendo que Deus pela misericórdia divina "não os deixará nem os abandonará" (vv.6,8). *WC*

Quais medos você precisa enfrentar? De que maneira a presença de Deus enche o seu coração de coragem?

Viver sem medo não significa que não o sintamos, mas que não somos dominados por ele.

DIA **27**

CARTAS PARA CASA

Leitura: Neemias 8:5-12

Liam o Livro da Lei de Deus [...] explicavam com clareza o significado do que era lido... v.8

Longe de casa e treinando para a Segunda Guerra Mundial, os recrutas usavam o humor e as cartas que recebiam e escreviam para lidar com os desafios que enfrentavam. Em uma carta, um jovem descreveu o processo de vacinação com admirável exagero: "Dois oficiais médicos nos caçaram com arpões, agarraram-nos, pregaram-nos ao chão e furaram nossos braços".

No entanto, um soldado começou a perceber que o humor só lhe servia de apoio até certo ponto. Nessa altura, ele recebeu uma Bíblia. "Gostei muito e a leio toda as noites. Nunca imaginei que alguém pudesse aprender tanto com ela", escreveu.

Há muito tempo, os judeus voltaram para casa após anos de escravidão na Babilônia e descobriram que os seus problemas os acompanharam. Enquanto tentavam reconstruir os muros de Jerusalém, enfrentaram inimigos, a fome e o seu próprio pecado. Em meio aos problemas, voltaram-se à Palavra de Deus surpreendendo-se com o que aprendiam e chorando quando os sacerdotes liam o Livro da Lei de Deus (v.9). No entanto, encontraram o consolo também. Neemias lhes disse: "Não fiquem tristes, pois a alegria do SENHOR é sua força" (v.10).

Não precisamos esperar pelos problemas para ouvir a voz de Deus. Na Bíblia, aprendemos sobre Ele, Seu perdão e consolo. Lendo-a, seremos surpreendidos com o que o Espírito de Deus nos mostrará em suas páginas. *TLG*

*Senhor, obrigado por nos ensinares diariamente
mais sobre ti.*

**A Bíblia nos ajuda a nos vermos como realmente somos
e a compreendermos o quanto Deus nos ama.**

DIA 28

A BÊNÇÃO VIRÁ

Leitura: Gálatas 6:7-10

…não nos cansemos de fazer o bem. […] teremos uma colheita de bênçãos, se não desistirmos. v.9

Fiz uma caminhada com uma amiga e os netos dela, e, enquanto empurrava o carrinho do bebê, ela comentou que estava desperdiçando os seus esforços. O marcador de passos do seu relógio de pulso não estava contando suas passadas porque ela não balançava os braços. Lembrei-a de que mesmo assim aquele exercício ajudava a sua saúde física. Ela sorriu: "Mas eu quero receber a estrela dourada deste dia!".

Entendo como ela se sente! É desencorajador trabalhar em algo sem resultados imediatos. Mas as recompensas nem sempre são imediatas ou instantaneamente visíveis.

Quando isso ocorre, é fácil sentir que as coisas boas que fazemos são inúteis. Paulo explicou para a igreja da Galácia que a "pessoa sempre colherá aquilo que semear" (v.7). Então, que "não nos cansemos de fazer o bem. No momento certo, teremos uma colheita de bênçãos, se não desistirmos" (v.9). Fazer o bem não é um jeito de ganhar a salvação, e o texto não especifica se colheremos aqui ou no Céu, mas podemos ter a certeza de que haverá uma "colheita de bênçãos" (v.9).

É difícil fazer o bem, especialmente quando não vemos ou não sabemos qual será a "colheita". Mas, como no caso da minha amiga, que teve os benefícios físicos com a caminhada, vale a pena prosseguir, porque a bênção virá! *JS*

Você está desencorajado? Peça a Deus que o ajude a confiar nele para ser fiel ao Seu propósito. Qual bondade você pode praticar hoje?

Nem todas as recompensas são imediatas ou visíveis.

DIA 29

O MAIOR PRESENTE

Leitura: João 1:43-51

...Encontramos [...] Jesus de Nazaré, filho de José. v.45

Depois de lhe contar que eu havia recebido Jesus como Salvador, minha amiga Bárbara me deu o maior presente de todos: minha primeira Bíblia. Ela disse: "Você pode se achegar a Deus e amadurecer espiritualmente encontrando-se com o Senhor todos os dias, pela leitura das Escrituras, oração, confiança e obediência a Ele". Minha vida mudou quando ela me sugeriu que conhecesse melhor a Deus.

Isso me faz lembrar de Filipe que, depois de Jesus convidá-lo para segui-lo (v.43), disse imediatamente ao seu amigo Natanael que Jesus era "aquele sobre quem Moisés, na lei, e os profetas escreveram" (v.45). Quando Natanael duvidou, Filipe não discutiu, não o criticou nem desistiu do amigo. Simplesmente o convidou para conhecer Jesus face a face: "Venha e veja você mesmo" (v.46).

Imagino a alegria de Filipe ao ouvir Natanael declarar que Jesus era "o Filho de Deus" e "o Rei de Israel" (v.49). Que bênção saber que seu amigo não deixaria de ver as "coisas maiores" que Jesus prometeu que veriam (vv.50,51).

O Espírito inicia o nosso relacionamento íntimo com Deus e então passa a viver naqueles que o recebem pela fé. Ele nos capacita a conhecê-lo pessoalmente e a convidar outros a encontrá-lo todos os dias por meio de Jesus e das Escrituras. O convite para conhecer Jesus face a face é um grande presente para se oferecer e receber.

XED

O Senhor age por intermédio de outras pessoas para aumentar a sua fé?

Jesus é o maior presente que podemos receber; compartilhá-lo é o maior presente que podemos dar.

DIA **30**

CONFORTO COMPARTILHADO

Leitura: 2 Coríntios 1:1-10

...Paz seja com vocês! Assim como o Pai me enviou, eu os envio. João 20:21

"**Deus o enviou a mim** esta noite!" Essas foram as palavras de despedida da mulher à minha frente quando saímos do avião. Ela estava sentada no corredor ao meu lado e contou-me que seguia para casa após diversos voos de ida e volta naquele dia. "Posso perguntar-lhe o motivo?", disse. Ela baixou os olhos, dizendo: "Acabei de colocar minha filha em reabilitação por abuso de drogas".

Nos momentos seguintes, gentilmente, compartilhei a história da luta de meu filho contra o vício em heroína e como Jesus o tinha libertado. Conforme ouvia, um sorriso surgiu em meio às suas lágrimas. Após aterrissar, antes de nos despedirmos, oramos juntos pedindo que Deus rompesse os grilhões de sua filha.

Naquela noite, pensei nas palavras de Paulo: "Louvado seja Deus, Pai de nosso Senhor Jesus Cristo, Pai misericordioso e Deus de todo encorajamento. Ele nos encoraja em todas as nossas aflições, para que, com o encorajamento que recebemos de Deus, possamos encorajar outros quando eles passarem por aflições" (2 CORÍNTIOS 1:3,4).

À nossa volta há pessoas que precisam do conforto que somente Deus pode dar. Ele quer que nós as alcancemos com compaixão para dividir o amor que Ele compartilhou conosco. Que Deus nos envie àqueles que precisam de Seu conforto hoje! JBB

Senhor, louvo-te pela Tua compaixão conosco na cruz.
Ajuda-me a confortar outros com a Tua bondade e amor.

A bondade de Deus supre a nossa necessidade mais profunda.

DIA **31**

FORÇA NO SOFRIMENTO

Leitura: 1 Pedro 2:11-23

...Cristo sofreu por vocês. Ele é seu exemplo; sigam seus passos. v.21

Samuel recebeu Jesus como Salvador aos 18 anos e foi rejeitado pela família que praticava uma fé diferente. Porém, a comunidade cristã o recebeu, encorajou-o e proveu os recursos financeiros para sua educação. Mais tarde, quando o seu testemunho foi publicado numa revista, a perseguição se intensificou.

No entanto, Samuel não se afastou: visitava a família sempre que podia e falava com o pai, apesar de os irmãos o impedirem de participar dos assuntos familiares. Quando o pai adoeceu, Samuel ignorou o desprezo deles e cuidou do pai, orando por sua melhora. Quando Deus curou o pai de Samuel, a família tornou-se mais receptiva. O testemunho amoroso suavizou a postura dos familiares e alguns se dispuseram a ouvir sobre Jesus.

Seguir a Cristo pode nos causar problemas. Pedro escreveu: "Porque Deus se agrada de vocês quando, conscientes da vontade dele, suportam com paciência o tratamento injusto" (v.19). Quando passamos por incômodos ou sofrimentos por causa de nossa fé, o fazemos porque Cristo sofreu em nosso lugar, deixando-nos o exemplo para seguirmos os Seus passos (v.21).

Jesus é o nosso exemplo no sofrimento. "Não revidou quando foi insultado, nem ameaçou se vingar quando sofreu, mas deixou seu caso nas mãos de Deus, que sempre julga com justiça" (v.23). Podemos pedir-lhe forças para seguir em frente. LD

Senhor Jesus, ajuda-me a seguir o Teu exemplo.

**Quando sofremos por Jesus,
Ele nos sustenta na jornada.**

DIA **32**

LEGADO DURADOURO

Leitura: Isaías 49:14-16

...foi escrito um livro memorial para registrar os nomes dos que o temiam e [...] honravam seu nome. Malaquias 3:16

Anos atrás, meus filhos e eu passamos uma semana num rancho abandonado à beira de um rio chamado "Rio sem volta". Nas redondezas desse rancho, encontrei uma antiga lápide de madeira com a inscrição que há muito já estava apagada. Alguém viveu, morreu e agora estava esquecido. Isso me pareceu trágico. Ao retornar, li por horas sobre a história do rancho e da região, mas não encontrei qualquer informação sobre alguma pessoa enterrada ali.

Dizem que os melhores são lembrados por 100 anos, os outros são logo esquecidos. As memórias de gerações passadas, como as lápides, logo se apagam. Contudo, o nosso legado foi passado através da família de Deus. A maneira como amamos a Deus e os outros durante a nossa vida permanece. Em Malaquias 3:16,17 lemos que: "Na presença dele, foi escrito um livro memorial para registrar os nomes dos que o temiam e que sempre honravam seu nome. 'Eles serão meu povo', diz o Senhor dos Exércitos. 'No dia em que eu agir, eles serão meu tesouro especial. Terei compaixão deles como o pai tem compaixão de seu filho obediente'".

Paulo disse que Davi, tendo feito "a vontade de Deus em sua geração, morreu..." (ATOS 13:36). Que possamos amar e servir ao Senhor em *nossa* geração e deixar um memorial a Ele. DHR

Que eu seja fiel a ti, Senhor, ao investir o meu tempo em amar os outros com o Teu amor.

Viver para o Senhor deixa um legado duradouro.

DIA **33**

JULGANDO AS ORIGENS

Leitura: Juízes 11:1-8,29

Então, o Espírito do SENHOR veio sobre Jefté... v.29

Para conhecer alguém melhor, costumamos perguntar: "De onde você é?". Porém, para muitos, a resposta é complicada. Nem sempre queremos dar os detalhes.

No livro de Juízes, Jefté talvez não desejasse responder essa pergunta. Seus meios-irmãos o tinham expulsado da cidade, Gileade, por causa de suas origens "questionáveis", "...pois é filho de outra mulher", declararam (v.2). O texto diz claramente que "sua mãe era uma prostituta" (v.1).

Mas Jefté era um líder natural, e, quando uma tribo hostil iniciou uma briga com Gileade, aqueles que o tinham expulsado, de repente, o queriam de volta. "Venha e seja nosso comandante!", disseram (v.6). Mas Jefté lhes disse: "Não são vocês os mesmos que me odiavam e que me expulsaram da casa de meu pai?" (v.7). Após ter a garantia de que as coisas seriam diferentes, ele concordou em liderá-los. As Escrituras nos dizem: "Então, o Espírito do SENHOR veio sobre Jefté..." (v.29). Pela fé, Jefté os levou a uma grande vitória. O Novo Testamento o menciona em sua lista de heróis da fé (HEBREUS 11:32).

Com muita frequência, Deus parece escolher as pessoas mais improváveis para realizar o Seu trabalho, não é? Não importa de onde somos, como chegamos até aqui ou o que já fizemos. Importa que respondamos com fé ao Seu amor.

TLG

Senhor, que conforto saber que não demonstras favoritismo baseado em nossa origem! Nossa herança está em ti, pois fomos adotados em Tua família.

Contudo, muitos primeiros serão os últimos, e muitos últimos serão os primeiros.
MATEUS 19:30

DIA **34**

DEUS EM DETALHES

Leitura: Mateus 10:29-31

O Senhor é bom para todos; derrama misericórdia sobre toda a sua criação. Salmo 145:9

Quando o "Chocolate", meu filhote de labrador *retriever*, estava com três meses, nós o levamos para tomar vacinas e fazer exames. Enquanto a veterinária o examinava cuidadosamente, percebeu uma pequena mancha branca no pelo da pata esquerda. Ela sorriu e disse: "Olha só! Foi por aqui que Deus segurou você quando o mergulhou no chocolate".

Eu ri. Mas, sem querer, ela tinha colocado uma questão significativa sobre o interesse profundo e pessoal de Deus a respeito de Sua criação.

Jesus nos diz em Mateus 10:30 que "...até os cabelos de [nossa] cabeça estão contados". Deus é tão maravilhoso que é capaz de ter interesse infinito nos detalhes mais íntimos de nossa vida. Não há nada tão pequeno que escape à Sua percepção e não existe preocupação trivial demais a ser levada perante Ele. O Senhor simplesmente se preocupa a esse ponto!

Deus não apenas nos criou, Ele nos sustém e nos guarda a cada momento. Às vezes é dito que "o diabo está nos detalhes". Mas é muito melhor entender que Deus está neles, cuidando até das coisas que escapam à nossa percepção. Como é reconfortante saber que o nosso Pai celeste, perfeitamente sábio e cuidadoso, segura-nos — com toda a criação — em Suas mãos fortes e amorosas. *JBB*

Amoroso Senhor, eu te louvo pela maravilha
da Tua criação. Ajuda-me a refletir a Tua compaixão
cuidando daquilo que criaste.

Deus preocupa-se com cada uma
de nossas necessidades.

DIA **35**

O FÔLEGO FORTALECEDOR

Leitura: Isaías 40:27-31

Venham a mim todos vocês que estão cansados e sobrecarregados, e eu lhes darei descanso.
Mateus 11:28

Aos **54 anos,** inscrevi-me numa maratona com dois objetivos: terminar a corrida e fazê-la em menos de cinco horas. O meu tempo teria sido incrível se os últimos 21 quilômetros finais fossem tão bons quanto os iniciais. No entanto, a corrida foi extenuante, e aquele segundo fôlego que eu esperava nunca veio. Quando cruzei a linha de chegada, minha passada firme tinha se transformado num caminhar doloroso.

Não só as corridas exigem um segundo fôlego; a corrida da vida, também. Para resistir, os exaustos precisam da ajuda de Deus. Isaías 40:27-31 combina poesia com profecia para consolar e motivar as pessoas que precisam de forças para prosseguir. Palavras atemporais relembram o povo cansado e desencorajado de que o Senhor não é individualista ou desinteressado (v.27), que a nossa situação não lhe passa despercebida. Essas palavras inspiram consolo e segurança e nos lembram do poder ilimitado de Deus e de Sua sabedoria imensurável (v.28).

O fôlego fortalecedor e o vigor são sob medida a todos nós — quer estejamos na agonia de prover por nossa família, lutando com dificuldades financeiras e físicas ou desencorajados por tensões relacionais ou desafios espirituais (vv.29-31). Tal é a força que aguarda aqueles que, pela meditação nas Escrituras e oração, esperam no Senhor.

ALJ

*Em que área específica você precisa
da força de Deus hoje?*

**O Senhor renova a nossa força quando,
em meio às fraquezas e cansaço, confiamos nele.**

DIA **36**

COMPREENDENDO AS TRIBULAÇÕES

Leitura: Jó 12:13-25

Em Deus, porém, estão a sabedoria e o poder; a ele pertencem o conselho e o entendimento. v.13

O **amigo do** meu pai recebeu o diagnóstico de câncer e, durante o processo de quimioterapia, ele se converteu a Jesus. Sua doença entrou em remissão, e ele esteve livre do câncer por 18 meses, até que, um dia, a doença voltou; pior do que antes. Ele e a esposa enfrentaram esse momento com preocupação, questionamentos e também com confiança em Deus por causa do que o Senhor fizera anteriormente.

Nem sempre entenderemos o motivo das tribulações. Esse certamente foi o caso de Jó, que enfrentou perdas e sofrimento atroz e inexplicável. Porém, apesar de seus muitos questionamentos, Jó declara que Deus é poderoso: "Ninguém pode reconstruir o que ele derruba" (v.14), "a ele pertencem a força e a sabedoria" (v.16). "Exalta nações e as destrói" (v.23). Por toda a sua extensa lista, Jó não menciona os motivos que fizeram Deus permitir tanta dor e sofrimento. Jó não recebeu tais respostas. Mas, apesar de tudo, ele afirmou com confiança: "Em Deus, porém, estão a sabedoria e o poder; a ele pertencem o conselho e o entendimento" (v.13).

Talvez, não entendamos por que Deus permite certas lutas em nossa vida, mas, como esse amigo do meu pai, podemos colocar no Senhor a nossa confiança. Deus nos ama e nos segura em Suas mãos (v.10; 1 PEDRO 5:7). A sabedoria, o poder e o entendimento pertencem a Ele! *JS*

Que luta você está enfrentando?
De que maneira é útil saber que Deus está com você?

O Senhor nos ajuda a confiar nele mesmo quando não entendemos o que Ele permite acontecer.

DIA **37**

ANTES DO COMEÇO

Leitura: Mateus 3:13-17

...porque me amaste antes mesmo do princípio do mundo. João 17:24

"**Mas, se Deus** não tem início nem fim e sempre existiu, o que Ele fazia antes de nos criar? Como investia o Seu tempo?" Alguns alunos precoces da Escola Dominical sempre fazem essa pergunta quando falamos sobre a natureza eterna de Deus. Eu costumava responder que isso era um mistério, mas descobri recentemente que a Bíblia nos dá uma resposta a essa pergunta.

Quando Jesus ora ao Seu Pai em João 17, diz: "Pai, [...] porque me amaste antes mesmo do princípio do mundo" (v.24). Este é Deus, como Jesus nos revelou: antes de o mundo ter sido criado, Deus era a Trindade (Pai, Filho e Espírito Santo) — todos amando um ao outro e sendo amados. Quando Jesus foi batizado, Deus enviou o Seu Espírito na forma de uma pomba e disse: "Este é meu Filho amado, que me dá grande alegria" (MATEUS 3:17). O aspecto mais fundamental da identidade de Deus é este amor, amplo e vivo.

Que verdade amorosa e encorajadora sobre o nosso Deus! O amor mútuo e pleno expresso pelos participantes da Trindade — Pai, Filho e Espírito Santo — é a chave para entender a natureza de Deus. O que Deus, o Pai, estava fazendo antes do início dos tempos? O que Ele sempre faz: estava amando porque Ele é amor (1 JOÃO 4:8), e essa imagem nos ajuda a entender o que isso significa.

ALP

Deus, obrigado por Teu amor transbordante e de autoentrega.

Somos criados à imagem do nosso Deus que nos ama e se relaciona conosco.

DIA **38**

MAR DE LÁGRIMAS

Leitura: Salmo 55:4-19

**Eu, porém, invocarei a Deus,
e o SENHOR me livrará.** v.16

Uma placa intitulada "mar de lágrimas" lembra aqueles que enfrentaram o Oceano Atlântico para escapar da morte durante a catastrófica fome da batata irlandesa no final da década de 1840. Mais de um milhão de pessoas morreram nessa tragédia, e outro milhão ou mais abandonou sua casa para cruzar o oceano. John Boyle O'Reilly chamou poeticamente essa luta de "mar de lágrimas". Impulsionados pela fome e mágoas, eles procuravam alguma esperança em meio ao desespero.

No Salmo 55, Davi compartilha a sua busca por esperança. Embora não tenhamos a certeza dos detalhes da ameaça que ele enfrentou, a sua experiência foi suficiente para abatê-lo emocionalmente (vv.4,5). Sua reação instintiva foi orar: "Quem dera eu tivesse asas como a pomba; voaria para longe e encontraria descanso" (v.6).

Como Davi, talvez queiramos fugir para a segurança em meio às circunstâncias dolorosas. Mas, após considerar sua situação, Davi preferiu correr *para* o seu Deus, em vez de fugir *de* sua mágoa, afirmando: "...invocarei a Deus, e o SENHOR me livrará" (v.16).

O Deus de todo o conforto é capaz de conduzi-lo em seus momentos mais sombrios e medos mais profundos. O Senhor promete que enxugará toda lágrima de nossos olhos (APOCALIPSE 21:4). Fortalecidos por essa segurança, podemos confiar nele com nossas lágrimas agora. *WEC*

O que faz com que você queira fugir? Qual é a sua reação instintiva quando surge um problema?

Pai, quando a vida parece esmagadora, concede-me a Tua força, presença e conforto.

DIA **39**

O SENHOR PROVIDENCIARÁ

Leitura: Gênesis 22:2-14

**Abraão chamou aquele lugar de Javé-Jiré. [...]
"No monte do Senhor se providenciará".** v.14

Minha ansiedade aumentou entre meus cursos de graduação e pós-graduação. Adoro ter tudo planejado, e a ideia de mudar de estado e iniciar a pós-graduação estando desempregada me deixou desconfortável. No entanto, alguns dias antes de eu sair do meu emprego, pediram-me para continuar a trabalhar remotamente. Aceitei e tive paz, pois reconheci que Deus estava cuidando de mim.

Deus providenciou, mas foi em Seu tempo, não no meu. Abraão passou por uma situação muito mais difícil com seu filho Isaque. Ele foi convidado a levar seu filho e sacrificá-lo num monte (vv.1,2). Sem hesitar, Abraão obedeceu e levou Isaque até o local designado. Essa jornada de três dias deu a Abraão tempo suficiente para mudar de ideia, mas isso não aconteceu (vv.3,4).

Quando Isaque questionou seu pai, Abraão respondeu: "Deus providenciará o cordeiro para o holocausto" (v.8). Questiono-me se a ansiedade de Abraão crescia com cada nó que ele amarrava em Isaque no altar e com cada centímetro ao erguer sua faca (vv.9,10). Que alívio deve ter sido quando o anjo o deteve (vv.11,12)! Deus realmente providenciou o sacrifício: um carneiro, preso num arbusto (v.13). O Senhor testou a fé de Abraão, que provou ser-lhe fiel, e, na hora certa, no último segundo, Deus providenciou o livramento (v.14). *JS*

*Qual resposta para a oração tem demorado
a chegar? Qual resposta de Deus
veio no momento exato da sua necessidade?*

**Senhor, ajuda-me a confiar que providenciarás,
mesmo quando parecer que já esperei por tempo demais.**

DIA 40

A FUGA DIVINA

Leitura: João 11:45-53

Daquele dia em diante, começaram a tramar a morte de Jesus. v.53

No livro *Os relógios* (Ed. Globo, 2014), de Agatha Christie, os antagonistas cometem assassinatos em série. A trama visava uma única vítima, mas outras se foram para encobrir o crime original. Confrontado, o conspirador confessou: "Era para ser um único assassinato".

Após Jesus ressuscitar Lázaro (vv.38-44), as autoridades religiosas também formaram uma conspiração própria. Convocaram uma reunião de emergência e planejaram matar o Senhor (vv.45-53). E não pararam por aí. Depois que Jesus ressuscitou, os líderes religiosos espalharam mentiras sobre o que tinha acontecido no túmulo (MATEUS 28:12-15). Em seguida, eles tentaram silenciar os seguidores de Jesus (ATOS 7:57-8:3). O que começou como conspiração religiosa contra um homem pelo "bem maior" da nação tornou-se uma rede de mentiras, enganos e múltiplas vítimas.

O pecado nos afunda em uma estrada que muitas vezes não vemos o fim, mas Deus sempre nos oferece uma maneira de escape. Quando Caifás, o sumo sacerdote, disse: "É melhor para vocês que um homem morra pelo povo em vez de a nação inteira ser destruída" (JOÃO 11:50), ele não entendia a profunda verdade contida em suas palavras. A conspiração dos líderes religiosos ajudaria a trazer a redenção da humanidade.

Jesus nos salva do vício do pecado. Você recebeu a liberdade que Ele nos oferece? *ROO*

Que caminho o leva para longe de Deus?
O que é preciso confessar a Cristo hoje?

Dar espaço para o pecado pode arruinar uma vida.

DIA **41**

ALGEMADO, MAS NÃO SILENCIADO

Leitura: Atos 16:25-34

Por volta da meia-noite, Paulo e Silas oravam e cantavam hinos a Deus, e os outros presos ouviam. v.25

Em 1963, após uma viagem de ônibus que durou a noite toda, a ativista dos direitos civis Fannie Lou Hamer e seis outros passageiros negros pararam para comer numa lanchonete em Winona, Mississippi, EUA. Os policiais os forçaram a sair dali e os prenderam. A humilhação não terminou com a prisão ilegal. Todos foram severamente agredidos, mas para Fannie foi pior. Depois do ataque brutal que a deixou quase morta, ela começou a cantar: "Paulo e Silas foram presos, deixe meu povo ir". E ela não cantou sozinha. Outros prisioneiros, contidos no corpo, mas não na alma, juntaram-se a ela nessa adoração.

Em Atos 16, Paulo e Silas se viram num lugar difícil quando foram presos por anunciar Jesus. Mas o desconforto não diminuiu sua fé. "Por volta da meia-noite, Paulo e Silas oravam e cantavam hinos a Deus" (v.25). Essa adoração ousada criou a oportunidade de continuar a falar sobre Jesus. "Então pregaram a palavra do Senhor [ao carcereiro] e a toda a sua família" (v.32).

A maioria de nós provavelmente não passará por essas circunstâncias extremas enfrentadas por Paulo, Silas ou Fannie, mas cada um de nós enfrentará situações desconfortáveis. Quando isso acontecer, que a nossa força venha do nosso Deus fiel. Que haja em nosso coração uma canção que o honre e nos encoraje para falar por Ele, mesmo em meio às provações. *ALJ*

*Como Deus o ajudou a praticar a sua fé
e a testemunhar nas situações difíceis?*

**Os tempos difíceis exigem oração e
louvor ao Senhor – que controla todas as coisas.**

DIA **42**

O CHAMADO À CORAGEM

Leitura: 1 Crônicas 28:8-10,19-21

Seja forte e corajoso. v.20

Numa exposição de estátuas masculinas, em Londres, está a estátua solitária de uma mulher, Millicent Fawcett, que lutou pelo direito das mulheres ao voto. Imortalizaram-na em bronze segurando um estandarte exibindo palavras que ela ofereceu em tributo a uma sufragista: "A coragem exige coragem em todos os lugares". Ela insistiu que a coragem de alguém encoraja outros e convoca as almas tímidas à ação.

Quando Davi se preparava para entregar seu trono a Salomão, seu filho, explicou-lhe sobre as responsabilidades que logo pesariam sobre os ombros dele. Talvez Salomão tivesse estremecido sob o peso do que enfrentaria levando Israel a seguir todas as instruções de Deus e a guardar a terra que o Senhor lhes confiara e supervisionando a monumental tarefa de construir o Templo (vv.8-10).

Conhecendo o filho, Davi o encorajou: "Seja forte e corajoso [...]. Não tenha medo nem desanime, pois o SENHOR Deus, meu Deus, está com você" (v.20). A verdadeira coragem nunca surgiria da própria habilidade ou confiança de Salomão, mas, sim, de confiar na presença e força de Deus. O Senhor proveu a coragem que Salomão precisava.

Ao nos depararmos com dificuldades, muitas vezes tentamos despertar a ousadia ou nos encher de bravura. No entanto, Deus renova a nossa fé e promete estar conosco, e é a Sua presença que nos enche de coragem. *WC*

*Como buscar a presença e o poder de Deus
para sermos fortes e corajosos?*

***Deus, quando eu estiver propenso a confiar
em mim mesmo, concede-me a Tua coragem.***

DIA **43**

RELÓGIOS NOTURNOS

Leitura: Salmo 63:1-8

Quando me deito, fico acordado pensando em ti, meditando a teu respeito a noite toda. v.6

Durante os meus tempos de estudante, eu passava os verões trabalhando numa pousada entre as belíssimas montanhas. Os membros da equipe faziam rodízios de vigílias noturnas para ficar de olho nos incêndios florestais e proteger os hóspedes enquanto dormiam. O que parecia ser uma tarefa exaustiva e ingrata era uma oportunidade única para aquietar-me, refletir e encontrar consolo na majestosa presença de Deus.

O rei Davi buscava e ansiava sinceramente pela presença de Deus (v.1), mesmo em seu leito e nas vigílias da noite (SALMO 63:6). O texto revela que Davi estava ansioso. É possível que as palavras desse salmo reflitam sua profunda tristeza pela rebelião de seu filho Absalão. No entanto, a noite tornou-se um tempo para que Davi encontrasse ajuda e restauração à sombra das Suas asas (v.7) e em Seu poder e presença.

Talvez você esteja enfrentando alguma crise ou dificuldade, e as vigílias noturnas não lhe tragam nenhum conforto. Talvez o seu próprio "Absalão" pese no seu coração e alma, ou outros encargos de família, trabalho ou finanças atormentem os seus momentos de descanso. Considere esses momentos insones como oportunidades para clamar e apegar-se a Deus permitindo que a Sua forte mão o sustente (v.8). *EVAN MORGAN, AUTOR CONVIDADO*

As promessas de Deus o encorajam ao enfrentar os desafios?
As vigílias da noite o atraem a Deus?

Querido Deus, obrigado por estares sempre ao meu lado em todas as noites insones.

DIA 44

PODEMOS DESCANSAR?

Leitura: João 14:25-31

...Portanto, não se aflijam nem tenham medo. v.27

Daniel entrou no consultório da fisioterapeuta sabendo que sofreria muita dor. A terapeuta estendeu e dobrou o braço dele em posições que há meses, desde sua lesão, não tinham sido feitas. Depois de segurar cada posição desconfortável por alguns segundos, ela gentilmente lhe dizia: "Ok, pode descansar". Mais tarde, ele afirmou: "Acho que ouvi pelo menos 50 vezes em cada sessão de terapia: 'Ok, pode descansar'".

Pensando nessas palavras, Daniel percebeu que elas poderiam se aplicar ao restante de sua vida também. Ele poderia descansar na bondade e fidelidade de Deus em vez de se preocupar.

Quando Jesus se aproximava de Sua morte, Ele sabia que Seus discípulos precisariam aprender isso. Eles logo enfrentariam uma época de convulsão e perseguição. Para encorajá-los, Jesus disse que enviaria o Espírito Santo para viver com eles e lembrar-lhes do que Ele havia ensinado (v.26). Assim Ele pôde dizer: "Eu lhes deixo um presente, a minha plena paz [...] não se aflijam nem tenham medo" (v.27).

Há motivos suficientes para estarmos tensos em nossa vida cotidiana. Mas podemos aumentar a nossa confiança em Deus, lembrando-nos de que o Seu Espírito vive em nós e nos oferece a Sua paz. Firmando-nos em Sua força, podemos ouvi-lo nas palavras da terapeuta: "Ok, pode descansar". AMC

O que o estressa? Quais características divinas podem ajudá-lo a aprender a confiar mais no Senhor?

Ensina-me, Jesus, a confiar na Tua fidelidade, a conhecer a Tua presença, a experimentar a Tua paz e a descansar em ti.

DIA **45**

ROSTOS

Leitura: Gálatas 5:22-26

...e o Senhor, que é o Espírito, nos transforma gradativamente à sua imagem gloriosa...
2 Coríntios 3:18

Quando nossa neta Sarah era bem pequena, explicou-me que, quando a pessoa morre, "Só o seu rosto vai para o Céu, não o corpo. Você ganha um corpo novo, mas fica com o mesmo rosto". O conceito dela sobre o nosso estado eterno era um entendimento infantil, é claro, mas ela percebeu uma verdade essencial. De certo modo, nosso rosto é um reflexo visível de nossa alma invisível.

Minha mãe costumava dizer que, um dia, um olhar zangado poderia congelar em meu rosto. Ela era mais sábia do que pensava. Um semblante preocupado, boca raivosa, olhares maldosos podem revelar uma alma miserável. Por outro lado, olhares bondosos, expressão gentil, sorriso caloroso e acolhedor — apesar das rugas, manchas ou outros defeitos — tornam-se marcas da transformação interior.

Não podemos fazer muito com relação ao rosto com o qual nascemos, mas podemos fazer algo sobre o tipo de pessoa que nos tornamos. Podemos orar por humildade, paciência, bondade, tolerância, gratidão, perdão, paz e amor (vv.22-26).

Pela graça de Deus, e a Seu tempo, que você e eu possamos amadurecer para alcançarmos a semelhança interior com nosso Senhor, uma semelhança refletida em um rosto bondoso. Como disse o poeta inglês John Donne (1572-1631), a idade se torna "mais adorável no último dia".
DHR

Senhor Jesus, a cada dia quero parecer
mais contigo. Ajuda-me a cooperar com a obra
que queres realizar em meu coração.

Não há nada igual à beleza de um coração amoroso.

DIA **46**

PRESENTE NA TEMPESTADE

Leitura: Salmo 46

O Senhor dos Exércitos está entre nós;
o Deus de Jacó é nossa fortaleza. v.7

O fogo consumiu a casa de uma família de seis pessoas da nossa igreja, mas o pai e um filho sobreviveram. O pai estava hospitalizado enquanto sua esposa, mãe e dois filhos pequenos eram levados ao descanso eterno. Infelizmente, esses fatos continuam se repetindo. E a antiga pergunta também: "Por que coisas ruins acontecem a pessoas boas?". Não nos surpreende que esse velho questionamento não tenha novas respostas.

Porém, a verdade que o salmista apresenta no Salmo 46 também foi repetida, ensaiada e aceita repetidamente. "Deus é nosso refúgio e nossa força, sempre pronto a nos socorrer em tempos de aflição" (v.1). Nos versículos 2 e 3, as condições são catastróficas: terra e montanhas se movendo e as águas furiosas. Estremecemos ao nos imaginarmos nessas condições tempestuosas retratadas poeticamente. Mas, às vezes, encontramo-nos assim: nos espasmos de uma doença terminal, numa crise financeira devastadora, atormentados e atordoados pela morte de entes queridos.

É tentador racionalizar que a presença de problemas significa a ausência de Deus. Mas a verdade das Escrituras contraria essas noções. "O Senhor dos Exércitos está entre nós; o Deus de Jacó é nossa fortaleza" (vv.7,11). Ele está presente quando as circunstâncias são insuportáveis e encontramos o conforto em Seu caráter: Ele é bom, amoroso e confiável.

ALJ

*Algum desafio na vida já o fez
questionar se Deus estava presente?*

**Pai, ajuda-me a confiar na Tua Palavra quando
me é difícil sentir o Teu cuidado ou presença.**

DIA 47

DIGRESSÕES DIVINAS

Leitura: Atos 16:6-10

[Eles] tentaram ir para o norte, em direção à Bitínia, mas o Espírito de Jesus não permitiu. v.7

Pode ser difícil ouvirmos "não" ou "agora não", especialmente quando sentimos que Deus abriu uma porta para servirmos aos outros. No início do meu ministério, tive duas oportunidades nas quais achava que meus dons e habilidades correspondiam às necessidades das igrejas, mas tais portas se fecharam. Depois, surgiu outra posição e fui selecionado. Com isso vieram 13 anos de ministério tocando vidas em trabalhos pastorais.

Deus redirecionou Paulo e seus companheiros duas vezes. Primeiro, "o Espírito Santo os impediu de pregar a palavra na província da Ásia". Então, "...tentaram ir para o norte, [...] mas o Espírito de Jesus não permitiu" (vv.6,7). Eles não sabiam, mas Deus tinha outros planos que seriam úteis para o Seu trabalho e servos. O "não" divino aos planos anteriores os fez ouvir e confiar na liderança divina (vv.9,10).

Quem dentre nós não se entristeceu com o que pensávamos ser uma perda dolorosa? Sentimo-nos feridos se não conseguimos um emprego, se uma oportunidade de trabalho não se concretiza ou se uma mudança é interrompida. Embora isso possa ser momentaneamente difícil, muitas vezes o tempo revela que, na verdade, tais desvios são "digressões divinas" que o Senhor graciosamente usa para nos levar na direção em que Ele nos quer, e, por isso, somos gratos. ALJ

De que maneira, uma situação em que você desejou algo e não conseguiu reforçou a sua confiança no Senhor?

Pai, louvo-te, pois, sabes como melhor organizar minha vida e me proteges através dos Teus desvios.

DIA **48**

COMO DEUS É?

Leitura: Hebreus 1:1-10

O Filho irradia a glória de Deus, expressa de forma exata o que Deus é... v.3

Para comemorar uma ocasião especial, meu marido me levou a uma galeria de arte para escolher uma pintura como presente. Escolhi um pequeno quadro de um riacho fluindo no meio de uma floresta. O riacho tomava boa parte da tela e pouco do céu aparecia. Entretanto, o reflexo na água revelava o Sol, as copas das árvores e a atmosfera nebulosa. A única forma de "ver" o céu era olhando a superfície da água.

No sentido espiritual, Jesus é como esse riacho. Quando queremos ver Deus, olhamos para Jesus. O escritor de Hebreus disse que Jesus "...expressa de forma exata o que Deus é..." (v.3). Embora possamos conhecer fatos sobre Deus através de declarações diretas registradas na Bíblia, como "Deus é amor", podemos aprofundar o nosso entendimento vendo como Deus agiria se enfrentasse os mesmos problemas que temos na Terra. Sendo Deus em forma humana, foi isso o que Jesus nos mostrou.

Na tentação, Ele revelou a santidade de Deus. Confrontando a obscuridade espiritual, demonstrou a autoridade divina. Lidando com os problemas das pessoas, mostrou-nos a sabedoria de Deus. Em Sua morte, Ele exemplificou o amor do Pai.

Embora não possamos compreender tudo sobre Deus — Ele é ilimitado e nosso pensamento é limitado —, não duvidamos do Seu caráter ao olharmos para Cristo. *JBS*

*Querido Deus, obrigado por criares um jeito
de te conhecermos. Ajuda-nos a
nos aproximarmos de ti, olhando para Jesus.*

Olhar para Jesus nos revela o caráter de Deus.

DIA **49**

A MARAVILHOSA CRIAÇÃO DE DEUS

Leitura: Salmo 104:1-6,10-23

As aves fazem ninhos junto aos riachos e cantam entre os ramos das árvores. v.12

Quando os nossos netos nos visitaram, divertimo-nos assistindo uma transmissão via internet que monitorava uma família de águias. Todos os dias, observávamos a mãe, o pai e o filhote durante a rotina diária no ninho, no alto de uma árvore. Os pais mantinham diariamente constante e protetora vigília sobre aquele filhote, trazendo peixe de um rio próximo para alimentá-lo.

Essa pequena família de águias nos fornece uma imagem da maravilhosa obra de Deus, retratada pelo salmista no Salmo 104 — uma série de imagens da criação, que representam a criatividade de Deus.

Vemos a majestade da criação divina em relação ao Universo (vv.2-4).

Experimentamos a criação da própria Terra — águas, montanhas, vales (vv.5-9).

Maravilhamo-nos com os ciclos que Deus criou em nosso mundo: manhã/noite, escuridão/luz, trabalho/descanso (vv.19-23).

Deus criou com Suas mãos esse mundo glorioso para nossa alegria — e para Sua glória! "Todo o meu ser louve o SENHOR..." (v.1). Cada um de nós pode agradecer a Deus por tudo o que Ele nos deu para apreciar e desfrutar. *JDB*

*Louvado seja Deus! Louvado sejas, Senhor,
pelas maravilhas da Terra que criaste.*

**A beleza da criação
reflete a beleza do nosso Criador.**

DIA **50**

DEUS É O MAIS IMPORTANTE

Leitura: 1 Samuel 17:41-50

Você vem a mim com uma espada, uma lança e um dardo, mas eu vou enfrentá-lo em nome do Senhor dos Exércitos. v.45

Giles **Kelmanson,** guia florestal sul-africano, descreveu a luta entre dois texugos-do-mel e seis leões. Em desvantagem, os dois não recuaram diante dos predadores, dez vezes o tamanho deles. Para os leões parecia simples matá-los, no entanto, os texugos lutaram com ousadia.

A história de Davi e Golias parece ainda mais improvável. O jovem inexperiente confrontou Golias. O filisteu era bem mais alto do que o seu oponente, tinha força bruta e arsenal incomparável: armadura de bronze e lança letal afiada (vv.5,6). Davi era aprendiz de pastor e trazia apenas uma funda quando chegou ao campo de batalha trazendo pão e queijo aos seus irmãos (vv.17,18).

Golias desafiou Israel à batalha, porém ninguém estava disposto a lutar. O rei Saul e os israelitas estavam "aterrorizados e muito abalados" (v.11). Espantaram-se quando Davi se voluntariou. O que lhe deu a coragem que nenhum dos maiores guerreiros israelitas possuía? A maioria enxergava apenas Golias. Davi, porém, viu Deus e insistiu: "...o Senhor entregará [Golias] em minhas mãos" (v.46). Enquanto todos acreditavam na superioridade de Golias, Davi creu que Deus é o mais importante. Ao cravar a pedra na testa do gigante, o jovem provou a sua fé no verdadeiro Deus.

Tendemos a crer que os "nossos problemas" comandam a nossa história de vida. Mas Deus é maior e é quem a conduz. *WC*

Quais preocupações o ameaçam?
A existência de Deus transforma a sua perspectiva?

Deus, às vezes os meus questionamentos são muitos. Ajuda-me a ver o quão grande tu és.

DIA **51**

INTERVENÇÃO SOBERANA

Leitura: Êxodo 3:1-9

Olhou para os israelitas e percebeu sua necessidade. v.25

Bárbara cresceu sob os cuidados do governo britânico nos anos 1960, mas aos 16 anos ela e seu bebê recém-nascido, Simon, ficaram desabrigados. O governo não era mais obrigado a ampará-la. A jovem escreveu à rainha da Inglaterra pedindo ajuda e obteve resposta! A rainha doou-lhe uma casa própria.

A rainha tinha os meios disponíveis para ajudar Bárbara, e a sua compaixão pode representar um pequeno reflexo do poder de Deus. O Rei dos céus conhece as nossas necessidades e soberanamente realiza os Seus planos em nossa vida. À medida que o faz, entretanto, Deus deseja que nos acheguemos a Ele e que compartilhemos as nossas necessidades e outras preocupações como parte de nosso relacionamento de amor com Ele.

Os israelitas trouxeram seu desejo de liberdade diante de Deus. Eles estavam sofrendo sob o fardo da escravidão egípcia e clamaram por socorro. O Senhor os ouviu e lembrou-se da Sua promessa (v.25). Deus instruiu Moisés a libertar o Seu povo e declarou que mais uma vez Ele os libertaria e os levaria "...a uma terra fértil e espaçosa. É uma terra que produz leite e mel com fartura" (3:8).

Nosso Rei ama quando nos achegamos a Ele! Deus supre sabiamente o que precisamos, não necessariamente o que desejamos. Descansemos em Sua soberania e amorosa provisão. ROS

Por que é importante levarmos nossas necessidades a Deus em oração? Como aprender a confiar na provisão de Deus?

Amado Deus, ajuda-me a estar contente em quaisquer caminhos e provisões que tu escolheres.

DIA **52**

DEUS DAS PROFUNDEZAS

Leitura: Jó 41:12-34

Ali está o oceano, vasto e imenso, [...] e o Leviatã, que criaste para brincar no mar. Salmo 104:25,26

Um biólogo marinho afirmou: "No profundo mar, em cada amostra retirada, descobre-se uma nova espécie". Recentemente, em apenas um ano, os cientistas identificaram 1.451 novos tipos de vida submarina. Não conhecemos nem metade do que há lá embaixo.

Em Jó 38–40, Deus revisou a Sua criação. O Senhor destacou as maravilhas do tempo, a vastidão do cosmos e a variedade de criaturas em seus *habitats*. Essas são as coisas que podemos observar. Deus também falou do misterioso Leviatã —, uma criatura diferente, com couraça que repele arpões (41:7,13), enorme força, forma perfeita (v.12) e dentes aterrorizantes (v.14). Da boca saem chamas de fogo, e as narinas dele soltam fumaça (vv.19,20). "Não há nada na terra semelhante a ele..." (v.33).

Essa é uma criatura que jamais vimos. Isso é tudo? Não! O objetivo desse capítulo é ampliar nossa compreensão do surpreendente caráter de Deus. O salmista expandiu: "Ali está o oceano, vasto e imenso, [...] e o Leviatã, que criaste para brincar no mar" (104:25,26). Após a aterrorizante descrição em Jó, aprendemos que Deus criou um cercado para a terrível criatura. O Leviatã *se diverte*.

Temos o presente para explorar os oceanos e a eternidade para explorar as maravilhas de nosso magnífico, misterioso e lúdico Deus.   *TLG*

Senhor, tu criaste um mundo maravilhoso,
e a cada dia novas descobertas nos revelam mais sobre ti.

Ao conhecermos mais sobre a criação,
aprendemos ainda mais sobre o nosso Criador.

DIA **53**

SEGUIDORES DO FILHO

Leitura: Lucas 8:11-15

E as que caíram em solo fértil representam os que, com coração bom e receptivo, ouvem a mensagem... v.15

Os girassóis são polinizados por abelhas e brotam despreocupadamente ao lado de rodovias, sob alimentadores de aves e nos campos. Para uma boa colheita, necessitam de solo fértil: boa drenagem, acidez e riqueza de nutrientes "com matéria orgânica ou compostagem". Finalmente, o solo produz saborosas sementes, óleo puro e o meio de subsistência para os produtores que trabalham arduamente.

Nós também precisamos de "solo fértil" para o crescimento espiritual. Jesus ensinou em Sua parábola do semeador que a Palavra de Deus pode brotar mesmo entre as pedras ou espinhos (vv.6,7). No entanto, ela só prospera em pessoas "com o coração bom e receptivo, [que] ouvem a mensagem, a aceitam e, com paciência, produzem uma grande colheita" (v.15).

O crescimento dos girassóis também é lento. Eles seguem o movimento solar ao longo do dia e diariamente se voltam para o Sol num processo chamado heliotropismo. Os girassóis mais amadurecidos são tão cautelosos quanto os recém-plantados. Voltam-se para o leste permanentemente, aquecendo a face da flor para melhorar a polinização.

Que sejamos um solo fértil para a Palavra de Deus crescer, apegando-nos aos Seus ensinamentos e seguindo o Filho de Deus — desenvolvendo a honestidade e o "coração bom" para que as Escrituras nos aperfeiçoem. Esse processo é diário. Que sigamos a Cristo e cresçamos. *PR*

Como está o seu solo espiritual?

Senhor, que a Tua Palavra desenvolva diariamente uma boa colheita em minha vida.

DIA **54**

SEM A EXIGÊNCIA DE AVALISTA

Leitura: Hebreus 6:13-20

Quando a pessoa faz um juramento, invoca alguém maior que ela. E, [...] o juramento implica uma obrigação. v.16

Quando uma pessoa sem um longo histórico de pagar suas contas em dia quer obter um empréstimo para comprar uma casa ou um carro, as instituições normalmente relutam em assumir o risco financeiro. Sem um histórico de bom pagador, o compromisso pessoal é insuficiente para o banco. De modo geral, o candidato ao empréstimo deve apresentar alguém com um bom histórico financeiro como avalista, para que este também se comprometa financeiramente. O avalista promete garantir que o empréstimo será pago.

Quando nos prometem algo, seja por razões financeiras, conjugais ou outras, esperamos que cumpram a promessa feita. Queremos ter a certeza de que Deus também cumprirá as Suas promessas. Quando Ele prometeu a Abraão que o abençoaria e multiplicaria "seus descendentes" (GÊNESIS 22:14,17), Abraão creu na palavra de Deus. Como Criador de tudo o que existe, não há ninguém maior do que o Senhor; somente Deus pode garantir Sua própria promessa.

Abraão precisou esperar pelo nascimento de seu filho (v.15) (e nunca viu a incontável descendência que viria), mas Deus foi fiel à Sua promessa. Quando Ele promete estar sempre conosco (13:5), manter-nos em segurança (JOÃO 10:29) e nos consolar (2 CORÍNTIOS 1:3,4), nós podemos confiar nele, pois Ele é fiel à Sua palavra. *KHH*

Senhor, obrigado por seres tão confiável.
Não preciso de outras promessas além da Tua palavra.
Ajuda-me a confiar em ti cada vez mais.

Deus é fiel em Suas promessas.

DIA **55**

ATRAVÉS DA CRUZ

Leitura: 2 Coríntios 4:8-18

...nada, [...] jamais poderá nos separar do amor de Deus revelado em Cristo Jesus, nosso Senhor.
Romanos 8:39

Tomás tem uma cruz de vidro sobre a sua mesa, que foi presente de outro amigo em comum que sobreviveu ao câncer, para o ajudar a ver tudo "através da cruz". Ela sempre o lembra do amor e dos bons propósitos de Deus para ele. Essa ideia desafia muitos cristãos, especialmente em tempos difíceis. É bem mais fácil focarmos em nossos problemas do que no amor de Deus.

A vida do apóstolo Paulo com certeza foi exemplo de como viver sob a visão da cruz. Em momentos de sofrimento, ele se autodescreveu: "Somos perseguidos, mas não abandonados. Somos derrubados, mas não destruídos" (v.9). Paulo acreditava que, em tempos difíceis, Deus age para produzir "...para nós uma glória que pesa mais que todas as angústias e durará para sempre. Portanto, não olhamos para aquilo que agora podemos ver; em vez disso, fixamos o olhar naquilo que não se pode ver..." (vv.17,18).

Estar atento no "que não se pode ver" não significa minimizar os problemas. O comentarista Paulo Barnett explica: "A confiança deve basear-se na certeza dos propósitos de Deus para nós. Por outro lado, há o reconhecimento de que gememos com a esperança mesclada com a dor".

Jesus deu a Sua vida por nós com amor profundo e sacrificial. Vemos amor e fidelidade ao olharmos a vida "através da cruz". E cresce a nossa confiança nele. AMC

Pai, ensina-nos sobre quem tu és. Aumenta a nossa confiança em ti e enche a nossa mente com a Tua visão.

Olhe tudo sob a perspectiva da cruz.

DIA **56**

AJUDA SÁBIA

Leitura: Marcos 5:35-43

Jesus, porém, ouviu essas palavras e disse a Jairo: "Não tenha medo. Apenas creia". v.36

Minha sogra recebeu atendimento médico imediato momentos após ter um infarto. Mais tarde, o médico me disse que o tratamento dentro de 15 minutos resulta numa taxa de 33% de sobrevivência para pacientes críticos, e apenas 5% sobrevivem se tratados após esse período.

No caminho para curar a filha de Jairo (carente de cuidados médicos imediatos), Jesus fez o impensável: uma pausa (v.30). Ele parou para identificar quem o tocara e depois falou gentilmente com essa mulher. Você pode imaginar o que Jairo pensou: *Não há tempo para isso, minha filha está morrendo!* E depois, seus piores medos se tornaram realidade — Cristo parecia ter demorado demais e sua filha morrera (v.35).

Mas Jesus se virou para Jairo e o encorajou: "Não tenha medo. Apenas creia" (v.36), e, ignorando a zombaria dos espectadores, Cristo falou à filha de Jairo, e ela voltou a viver! Ele revelou que *nunca* é tarde demais. O tempo não pode limitar o que Jesus é capaz de fazer e nem quando Ele escolhe fazê-lo.

Quantas vezes nos sentimos como Jairo, pensando que Deus estava atrasado demais para realizar o que esperávamos. Mas com Deus não existe isso. Ele nunca está atrasado para realizar a Sua boa e misericordiosa obra em nossa vida.

PC

Como você experimentou a intervenção divina?
É importante descansar na soberania de Deus reconhecendo que os planos dele são os melhores? Por quê?

Jesus, sei que tu és sempre soberano, e que nunca é tarde para realizares os Teus planos perfeitos.

DIA **57**

APENAS UM SOPRO

Leitura: Salmo 39:1-13

...És minha única esperança. v.7

Roberta trouxe-me a dura realidade da morte e brevidade. Minha amiga de infância tinha apenas 24 anos quando um trágico acidente ceifou sua vida. Roberta crescera numa família disfuncional e parecia que estava seguindo em frente. Era recém-convertida em Jesus. Como a vida dela poderia terminar tão cedo?

Às vezes a vida parece curta demais e cheia de tristezas. No Salmo 39, Davi lamenta o seu sofrimento e exclama: "Mostra-me, SENHOR, como é breve meu tempo na terra; mostra-me que meus dias estão contados e que minha vida é passageira. A vida que me deste não é mais longa que alguns palmos, e diante de ti toda a minha existência não passa de um momento; na verdade, o ser humano não passa de um sopro" (vv.4,5). A vida é curta. Mesmo se vivermos para ver um século, nossa vida terrena é apenas uma gota no tempo.

No entanto, com Davi, podemos dizer: "És minha única esperança" (v.7). Podemos confiar que a nossa vida *tem* significado. Embora "nosso exterior esteja morrendo", como cristãos temos confiança de que "nosso interior está sendo renovado a cada dia" — e que um dia desfrutaremos da vida eterna com o Senhor (2 CORÍNTIOS 4:16–5:1). Sabemos disso porque Deus "nos preparou para isso e, como garantia, concedeu-nos o Espírito" (5:5). ADK

Deus o tornou digno de compartilhar de Sua vida eterna? A dádiva de cada momento o encoraja a aproveitar ao máximo o seu tempo?

Senhor, ajuda-nos a viver os nossos dias na Terra para o Teu serviço.

DIA **58**

O TREINAMENTO INTERNO

Leitura: Mateus 16:21-28

...sobre esta pedra edificarei minha igreja...
Mateus 16:18

A **gerente solicitou** um relatório por escrito dos zeladores de seu hotel. Todos os dias, ela queria saber quem limpava cada cômodo, quais quartos não tinham sido tocados e quanto tempo os funcionários investiam em cada ambiente. O primeiro relatório "diário" chegou uma semana depois, parcialmente concluído.

Isso a alertou de que a maioria deles não sabia ler. Ela poderia demiti-los, mas providenciou para que tivessem aulas de alfabetização. Em 5 meses, todos liam o nível básico e continuaram trabalhando.

Deus muitas vezes usa as nossas lutas em preparação para continuarmos trabalhando para Ele. A vida de Pedro foi marcada por inexperiência e erros. Sua fé vacilou ao andar sobre as águas. Não tinha a certeza se Jesus deveria pagar o imposto do Templo (MATEUS 17:24-27). Rejeitou a profecia de Cristo sobre a crucificação e ressurreição (16:21-23). Com cada questão, Jesus ensinou a Pedro um pouco mais sobre quem Ele era — o Messias prometido (v.16). Pedro ouviu e aprendeu o que precisava para ajudar a edificar a Igreja Primitiva (v.18).

Se hoje você está desanimado por alguma falha, lembre-se de que Jesus pode usar isso para ensinar-lhe e levá-lo adiante em seu serviço ao Senhor. Cristo continuou a agir na vida de Pedro, apesar de suas limitações, e Ele pode nos usar para continuar a construir o Seu reino até que Ele venha.

JBS

Quais desafios Deus usou em sua vida para guiá-lo e prepará-lo para o servir?

**Senhor, ensina-me mais sobre ti
e usa os meus fracassos para a Tua glória.**

DIA **59**

ABELHAS E COBRAS

Leitura: Mateus 7:7-11

...se vocês, [...] sabem dar bons presentes a seus filhos, quanto mais seu Pai, que está no céu... v.11

Certos problemas sobram sempre para o "pai". Por exemplo, meus filhos descobriram abelhas numa rachadura do concreto da varanda. Então, depois de munir-me de repelentes, saí para a batalha. E ganhei cinco picadas! Não gosto de ser picado por insetos, porém, antes eu do que meus filhos ou minha esposa, afinal, cuidar do bem-estar deles está no topo de minhas funções. Meus filhos viram um problema e me pediram para que eu o resolvesse; confiaram que eu os protegeria de algo que temiam.

Em Mateus 7, Jesus nos ensina que também devemos levar nossas necessidades a Deus (v.7) confiando a Ele nossos pedidos. Para ilustrar, exemplifica: "Se seu filho lhe pedir pão, você lhe dará uma pedra? Ou, se pedir um peixe, você lhe dará uma cobra?" (vv.9,10). Para os pais amorosos, a resposta é óbvia. Mas Jesus responde, desafiando-os a não perder a fé na bondade generosa de nosso Pai: "Portanto, se vocês, que são maus, sabem dar bons presentes a seus filhos, quanto mais seu Pai, que está no céu, dará bons presentes aos que lhe pedirem!?" (v.11).

Não posso imaginar amar mais os meus filhos, no entanto, Jesus nos garante que mesmo o amor do melhor pai terreno é obscurecido pelo amor de Deus por nós. ARH

*Pai, obrigado por nos amares muito mais
do que o melhor pai jamais poderia. Ajuda-nos a fazer
como Jesus disse: bater, pedir e buscar
a Tua presença em nosso relacionamento contigo.*

**Podemos confiar em nosso Pai
em todas as nossas necessidades.**

DIA **60**

LABUTANDO PARA DEUS

Leitura: Hebreus 6:9-12

...continuem a mostrar [...] dedicação até o fim, para que tenham plena certeza de sua esperança. v.11

Talvez quem cresceu na mesma vila inglesa com William Carey (1761-1834) tenha pensado que ele não faria muito, porém hoje ele é considerado o pai das missões modernas. Nascido de pais tecelões, ele foi um professor e sapateiro não muito bem-sucedido, mas aprendeu sozinho o grego, o hebraico e o latim. Anos depois, tornou-se missionário na Índia. Enfrentou dificuldades, a morte de um filho, os problemas de saúde mental de sua esposa e a falta de resposta daqueles a quem serviu.

O que o manteve servindo em meio a dificuldades enquanto traduzia a Bíblia em seis idiomas e partes dela em outros 29? "Posso labutar", disse ele. "Posso perseverar em qualquer desafio ao qual me propor". Ele se comprometeu a servir a Deus não importando as provações no caminho.

O escritor aos hebreus aconselhou a contínua devoção a Cristo e convocou os que liam a sua carta a não se tornarem displicentes (v.12), mas a "mostrar essa mesma dedicação até o fim" (v.11) quando procurassem honrar a Deus. Assegurou-lhes de que Deus não se esqueceria "de como trabalharam arduamente para ele" (v.10).

Anos depois, Carey refletiu sobre como Deus sempre supriu as suas necessidades. "O Senhor nunca falhou em Sua promessa, então não posso falhar ao servi-lo". Que Deus também nos capacite para o Seu serviço dia a dia. *ABP*

Como Deus o ajudou a prosseguir em seu serviço a Ele?
De que maneira você pode ajudar alguém em suas lutas?

Senhor, ajuda-me a seguir-te sempre, pois, nos desafios e nos bons momentos, sei que estás comigo.

DIA **61**

QUEM SOMOS

Leitura: Atos 9:13-16

...Saulo é o instrumento que escolhi para levar minha mensagem... Atos 9:15

Nunca esquecerei de quando levei minha futura esposa para conhecer minha família. Com um brilho nos olhos, meus dois irmãos mais velhos perguntaram: "O que exatamente você vê nesse cara?". Ela sorriu e garantiu que, pela graça de Deus, eu me tornara o homem que ela amava.

Amei essa resposta inteligente porque também reflete como, em Cristo, o Senhor vê mais do que o nosso passado. Em Atos 9, Ele orientou Ananias para curar Saulo, um conhecido perseguidor da Igreja a quem Deus cegara. Ananias recebeu essa missão com incredulidade, afirmando que Saulo estava capturando os cristãos, perseguindo-os e até executando-os. Deus disse a Ananias que não se concentrasse em quem Saulo tinha sido, mas em quem se tornara: um evangelista que traria as boas novas ao mundo conhecido, inclusive aos gentios (não judeus) e aos reis (v.15). Ananias viu Saulo, o fariseu e perseguidor, mas Deus viu Paulo, o apóstolo e evangelista.

Às vezes, vemo-nos apenas como temos sido — os nossos fracassos e falhas. Mas Deus nos vê como novas criaturas, não quem éramos, mas quem somos em Jesus e quem estamos nos tornando pelo poder do Espírito Santo. Ó Deus, ensina-nos a nos vermos a nós mesmos e aos outros dessa maneira! PC

Como você pode ver-se a si mesmo melhor e os outros à luz de quem você é em Cristo? Encoraja-o o fato de saber que Deus ainda não terminou Sua obra em você?

Pai, ajuda-me a encontrar-me em ti. Permita-me humildemente ver os outros através dos Teus olhos da graça!

DIA 62

AMOR SEM LIMITES

Leitura: Salmo 145:8-21

O Senhor é bom para todos; derrama misericórdia sobre toda a sua criação. v.9

Um sábio amigo me aconselhou a evitar as expressões "você sempre" ou "você nunca" numa discussão — especialmente em família. Como é fácil criticar quem nos cerca, ou sentir frieza em relação a quem amamos. Por outro lado, não existe qualquer variação no amor infinito de Deus por todos nós.

O Salmo 145 transborda com a palavra *todos*. "O Senhor é bom para todos; derrama misericórdia sobre toda a sua criação" (v.9). "...O Senhor sempre cumpre suas promessas; é bondoso em *tudo* que faz. O Senhor ajuda os que caíram e levanta os que estão encurvados sob o peso de suas cargas" (vv.13,14). "O Senhor protege todos que o amam..." (v.20).

Nesse salmo, somos lembrados uma dúzia de vezes que o amor de Deus não tem limites nem favoritismo. E o Novo Testamento revela que a maior expressão disso é vista em Jesus Cristo: "Porque Deus amou tanto o mundo que deu seu Filho único, para que todo o que nele crer não pereça, mas tenha a vida eterna" (JOÃO 3:16).

O Salmo 145 declara que "O Senhor está perto de todos que o invocam, sim, de todos que o invocam com sinceridade. Ele concede os desejos dos que o temem; ouve seus clamores e os livra" (vv.18,19).

O amor de Deus por nós é eterno e nunca falha! DCM

Pai celeste, estamos maravilhados por Teu amor por nós,
que nunca muda, nunca falha e nunca acaba.
Louvamos-te por demonstrares o Teu amor ilimitado por nós
através de Jesus, nosso Salvador e Senhor.

É impossível existir qualquer variação
no infinito amor de Deus por todos nós.

DIA **63**

AMOR RADICAL

Leitura: Lucas 14:7-14

Em vez disso, convide os pobres, os aleijados, os mancos e os cegos. v.13

Uma semana antes do casamento, o noivado de Sara terminou. Apesar da tristeza e decepção, ela decidiu não desperdiçar a comida comprada para a recepção. Entretanto, mudou os planos da comemoração. Retirou a mesa de presentes e modificou a lista de convidados, chamando moradores de abrigos locais para o banquete.

Jesus encorajou esse tipo de bondade sem limites quando disse aos fariseus: "Em vez disso, convide os pobres, os aleijados, os mancos e os cegos. [...]; você será recompensado..." (vv.13,14). Ele afirmou que a bênção viria de Deus porque tais convidados não poderiam retribuir ao anfitrião. Jesus aprovou o ato de ajudar as pessoas que não tinham como fazer doações, ter conversas brilhantes ou conexões sociais.

Ao lembrarmos que Jesus disse isso sentado à mesa de um jantar oferecido por um fariseu, Sua mensagem parece provocativa e radical. Mas o amor verdadeiro é radical. Diz-se que amar é doar para suprir as necessidades de outros sem esperar nada em troca. É assim que Jesus ama cada um de nós. Ele viu a nossa pobreza interior e respondeu dando a Sua vida por nós.

Conhecer Cristo, pessoalmente, é uma jornada em Seu amor infinito. Somos convidados a compreender "...a largura, o comprimento, a altura e a profundidade do amor de Cristo. Que vocês experimentem esse amor" (EFÉSIOS 3:18,19). JBS

Querido Deus, ajuda-me a explorar as profundezas do Teu amor. Quero dar aos outros o que Tu me deste.

Como é profundo o amor do Pai por nós!

DIA **64**

MISTÉRIOS DIFÍCEIS

Leitura: Naum 1:1-7

**O Senhor é lento para se irar,
mas tem grande poder...** v.3

Eu e minha amiga estávamos passeando e conversando sobre nosso amor pela Bíblia. Fiquei surpresa quando ela disse: "Ah, mas não gosto muito do Antigo Testamento. Toda aquela coisa pesada e vingança — quero Jesus!".

Podemos ecoar suas palavras quando lemos um livro como o de Naum, talvez ressaltando uma declaração como: "...Senhor é Deus zeloso, cheio de vingança e ira..." (v.2). Ainda assim, o versículo seguinte nos enche de esperança: "O Senhor é lento para se irar, mas tem grande poder..." (v.3).

Quando mergulhamos mais profundamente na questão da ira de Deus, entendemos que, quando Ele a exerce, com frequência está defendendo o Seu povo ou o Seu nome. Por causa do Seu amor transbordante, Deus busca justiça pelos erros cometidos e redenção aos que se voltaram contra Ele. Vemos isso não apenas no Antigo Testamento, quando o Senhor chama o Seu povo de volta para si, mas também no Novo Testamento, quando Deus envia o Seu Filho para ser o sacrifício por nossos pecados.

Podemos não entender os mistérios do caráter de Deus, mas podemos confiar que Ele não apenas exerce justiça, mas também é a fonte de todo amor. Não precisamos ter medo dele, pois "O Senhor é bom; é forte refúgio quando vem a aflição. Está perto dos que nele confiam" (v.7). *ABP*

*Deus Pai, tu és bom, amoroso e misericordioso.
Ajuda-me a entender mais completamente alguns
dos mistérios do Teu amor redentor hoje.*

***A justiça e a misericórdia de Deus
se encontram na cruz.***

DIA **65**

"AINDA QUE"

Leitura: Habacuque 3:17-19

...mesmo assim me alegrarei no SENHOR, exultarei no Deus de minha salvação! v.18

Depois da passagem do violento furacão Harvey, viajamos com um grupo de pessoas para uma das cidades duramente atingidas para ajudar os que tinham sofrido perdas. Nosso objetivo era encorajar as pessoas que tinham sido afetadas pela tempestade. Nesse processo, a nossa própria fé foi desafiada e fortalecida quando nos colocamos ao lado delas em seus lares e templos danificados.

Vemos que Habacuque expressa no final de sua profecia do século 7 a.C. a mesma fé radiante exibida por algumas dessas pessoas no rastro do violento furacão Harvey. O profeta previu que tempos difíceis estavam a caminho (1:5–2:1); as coisas piorariam antes de melhorar. O final da profecia o faz ponderar sobre o potencial das perdas terrenas e a expressão *"ainda que"* aparece três vezes: "Ainda que a figueira não floresça [...] ainda que a colheita de azeitonas não dê em nada [...], ainda que os rebanhos morram nos campos" (v.17).

Como nos posicionamos diante de perdas inimagináveis, como a perda de saúde ou do emprego, a morte de um ente querido ou um desastre natural devastador? A "Ode por Tempos Difíceis" de Habacuque nos convoca a ter fé e a confiar em Deus, que é a fonte da nossa salvação (v.18), força e estabilidade (v.19) para ontem, hoje e sempre. No final, aqueles que confiam no Senhor nunca serão desapontados. ALJ

*Deus atendeu a sua necessidade em tempos difíceis?
Como você pode encorajar os outros quando
eles enfrentam uma crise?*

**Pai, mesmo nas provações, mantém minha fé
ancorada em ti, minha fonte de salvação e força.**

A ILUSÃO DO CONTROLE

Leitura: Tiago 4:13-17

Como sabem o que será de sua vida amanhã? v.14

O **estudo de** Ellen Langer intitulado *A ilusão do controle*, de 1975, examinou o nível de influência que exercemos sobre os acontecimentos da vida. Ela descobriu que nós superestimamos o nosso grau de controle na maioria das situações. O estudo também demonstrou como a realidade quase sempre destrói a nossa ilusão. As conclusões de Ellen são corroboradas por experimentos realizados por outros estudiosos desde que seu estudo foi publicado.

No entanto, Tiago identificou esse fenômeno muito antes de ela o ter nominado. Ele escreveu: "Prestem atenção, vocês que dizem: 'Hoje ou amanhã iremos a determinada cidade e ficaremos lá um ano. Negociaremos ali e teremos lucro'. Como sabem o que será de sua vida amanhã? A vida é como a névoa ao amanhecer: aparece por um pouco e logo se dissipa" (vv.13,14). Em seguida, Tiago provê uma cura para a ilusão, enaltecendo Aquele que está no controle absoluto: "O que devem dizer é: 'Se o Senhor quiser, viveremos e faremos isso ou aquilo'" (v.15). Nesse versículo, Tiago resumiu ambos: a falha fundamental da condição humana e o seu antídoto.

Que entendamos que o nosso destino não está em nossas mãos. Podemos confiar nos planos de Deus, pois Ele mantém todas as coisas em Suas mãos poderosas. *ROO*

De que forma você cedeu à ilusão de que está no controle de seu destino? Como você pode entregar seus planos a Deus e deixar o seu futuro em Suas mãos?

***É da natureza humana fazer planos,
mas o propósito do Senhor prevalecerá.***
PROVÉRBIOS 19:21

DIA **67**

O SENHOR FALA

Leitura: Jó 38:1-11

Ainda quer discutir com o Todo-poderoso? Você critica Deus, mas será que tem as respostas? v.2

No livro de Jó podemos encontrar quase todos os argumentos sobre a causa da dor no mundo, mas o debate parece não ajudar muito o próprio Jó. A crise dele é mais de relacionamento do que de dúvida. *Ele pode confiar em Deus?* Acima de tudo, Jó quer a aparição da única Pessoa capaz de explicar o seu miserável destino. Ele quer encontrar o próprio Deus, face a face.

Por fim, Jó consegue. Deus se apresenta em pessoa (38:1). Ele surge em cena com perfeita ironia, bem quando Eliú está expondo porque Jó não tem o direito de esperar uma visita do Senhor. Ninguém — nem Jó, nem seus amigos — está preparado para o que Deus tem a dizer. Jó tinha uma longa lista de perguntas, mas é Deus, e não Jó, quem questiona. "Prepare-se como um guerreiro" Ele começa; "pois lhe farei algumas perguntas, e você me responderá" (v.3). Deixando de lado os 35 capítulos de debates em torno da dor, Deus se atém num majestoso poema sobre as maravilhas do mundo natural.

O discurso divino define a enorme diferença entre o Deus de toda a criação e um homem insignificante como Jó. Sua presença responde espetacularmente a maior pergunta de Jó: Há alguém aí? Jó só pode responder: "...falei de coisas de que eu não entendia, coisas maravilhosas demais que eu não conhecia" (42:3). *PDY*

Senhor, temos tantas perguntas sobre a vida e suas injustiças. Ajuda-nos a confiar em ti sobre o que não podemos entender.

**Nenhuma calamidade
está além da soberania de Deus.**

DIA **68**

EXAUSTO ESPIRITUALMENTE?

Leitura: 1 Reis 19:1-9

...um anjo o tocou e disse: "Levante-se e coma!" v.5

"**Emocionalmente, às** vezes trabalhamos um dia inteiro em apenas uma hora", escreve Zack Eswine em seu livro *O pastor imperfeito* (Ed. Fiel, 2014). Embora ele se referisse aos fardos que os pastores frequentemente carregam, isso se aplica a todos. As emoções e as responsabilidades podem nos esgotar física, mental e espiritualmente. E tudo o que desejamos é dormir.

O profeta Elias encontrou-se numa situação de esgotamento em todos os sentidos. A rainha Jezabel ameaçou matá-lo (vv.1,2) após descobrir que ele havia matado os profetas de Baal (18:16-40). Elias temeu tanto que fugiu e orou para que ele mesmo morresse (19:3,4). Aflito, deitou-se. Um anjo o tocou duas vezes e disse-lhe para se levantar e comer (vv.5,7). Depois do segundo toque, Elias foi fortalecido pelo alimento que Deus proveu, e ele "viajou quarenta dias e quarenta noites" até chegar a uma caverna (vv.8,9). Lá, o Senhor lhe apareceu e o comissionou novamente (vv.9-18). Elias se sentiu revigorado e capaz de continuar o trabalho que Deus tinha para ele fazer.

Às vezes também precisamos ser encorajados no Senhor por meio de uma conversa com outro cristão, um cântico de adoração, um tempo em oração e pela Palavra de Deus. Você se sente exausto? Entregue seus fardos a Deus e seja renovado! Ele os carregará por você. *JS*

Qual área em sua vida necessita de encorajamento?
De que forma isso pode acontecer e como você pode buscá-lo?

Deus, ajuda-me a voltar-me a ti quando estiver desgastado. Obrigado, pois em ti encontro descanso.

DIA **69**

CRIADOR MARAVILHOSO

Leitura: Salmo 104:24-34

Ó Senhor, que variedade de coisas criaste!
Fizeste todas elas com sabedoria... v.24

Como fotógrafa amadora, gosto de capturar os vislumbres da criatividade de Deus. Vejo as Suas digitais em cada pétala de flor, cada nascer ou pôr do sol, em nuvens pintadas e telas salpicadas de estrelas. O poderoso zoom da câmera me permite tirar fotos das criaturas do Senhor. Fotografei um esquilo batendo numa cerejeira em flor, uma borboleta colorida voando de flor em flor e tartarugas-marinhas tomando sol numa praia rochosa. Cada uma dessas imagens únicas me induz a adorar meu maravilhoso Criador.

Não sou a primeira a louvar a Deus enquanto admiro Suas criaturas ímpares. O escritor do Salmo 104 celebra em versos as muitas obras de arte do Senhor na natureza (v.24). Ele olha "...o oceano, vasto e imenso, cheio de seres de todo tipo..." (v.25) e se alegra em Deus pelo cuidado constante e completo de Suas obras-primas (vv.27-31). Considerando a grandiosidade da criação divina ao seu redor, o salmista irrompe agradecido em adoração: "Cantarei ao Senhor enquanto viver; louvarei meu Deus até meu último suspiro" (v.33).

Enquanto refletimos sobre a magnífica e imensa criação do Senhor, podemos olhar mais de perto a Sua criatividade e dar atenção aos detalhes. E, como o salmista, podemos cantar ao nosso Criador com louvores de gratidão pelo quanto Ele é e sempre será poderoso, majestoso e amoroso. Aleluia! *XED*

*Amoroso Senhor, obrigado por cada detalhe
da criação que reafirma o Teu cuidado constante
e a Tua incomparável criatividade.*

**As obras de Deus são maravilhosas,
e Ele também.**

DIA **70**

SURPREENDIDO PELA SABEDORIA

Leitura: 1 Coríntios 1:18-25

Como são grandes as riquezas, a sabedoria e o conhecimento de Deus! Romanos 11:33

"**P**ai, parece que quanto mais velha *eu* fico mais sábio *você* se torna. Quando falo com meu filho, ouço as *tuas* palavras saindo da *minha* boca!".
A franqueza da minha filha me fez rir. Eu sentia o mesmo por *meus* pais e me via usando as palavras *deles* ao criar meus filhos. Após me tornar pai, minha perspectiva sobre a sabedoria de meus pais mudou. O que uma vez "descartei" como tolice acabou sendo mais sábio do que eu pensava. A princípio, eu não conseguia enxergar.

A Bíblia ensina que "'a loucura' de Deus é mais sábia" do que a mais sábia sabedoria humana (1 CORÍNTIOS 1:25). "Visto que Deus, em sua sabedoria, providenciou que o mundo não o conhecesse por meio de sabedoria humana, usou a loucura de nossa pregação para salvar os que creem" (v.21). Deus sempre tem maneiras de nos surpreender. Em vez de um rei triunfante que o mundo esperava, o Filho de Deus veio como um servo sofredor e morreu a humilhante morte por crucificação, antes de ressuscitar em glória indescritível.

Na sabedoria de Deus, a humildade é valorizada em detrimento do orgulho, e o amor demonstra o seu valor em misericórdia e bondade imerecidas. Através da cruz, nosso invencível Messias se tornou a vítima definitiva para "salvar de uma vez por todas" (HEBREUS 7:25) todos os que depositam sua fé nele! *JBB*

Quando os caminhos de Deus o deixaram confuso?
Como isso o ajuda a reconhecer
que os caminhos de Deus não são os nossos?

Pai, louvo-te pela sabedoria dos Teus caminhos.
Ajuda-me a confiar em ti e a andar ao Teu lado.

DIA **71**

COISAS TÃO MARAVILHOSAS!

Leitura: Salmo 126

Que podemos dizer diante de coisas tão maravilhosas? Se Deus é por nós, quem será contra nós? v.31

Em **1989,** o mundo ficou surpreso com a queda do Muro de Berlim. O muro que dividira a Alemanha estava ruindo, e a cidade dividida por 28 anos se uniria novamente. Embora o epicentro da alegria fosse na Alemanha, o mundo ao redor compartilhou desse júbilo. Algo maravilhoso aconteceu!

Quando Israel retornou à sua terra natal em 538 a.C., depois do exílio por quase 70 anos, também foi grandioso. O Salmo 126 começa com um olhar para o passado àquele momento cheio de alegria na história de Israel. A experiência fora marcada pelo riso, cânticos alegres e o reconhecimento de outras nações de que Deus havia feito grandes coisas por Seu povo (v.2). E qual foi a reação dos destinatários da Sua misericórdia salvadora? Deus fez coisas grandiosas que despertaram grande alegria (v.3). Além disso, as Suas obras no passado se tornaram a base para novas orações para a presente e brilhante esperança para o futuro (vv.4-6).

Você e eu não precisamos olhar tão longe em nossas experiências para buscar exemplos de grandes coisas de Deus, especialmente se cremos em Deus através de Seu Filho, Jesus. Fanny Crosby, hinista do século 19, capturou esse sentimento quando escreveu: "A Deus demos glória, com grande fervor, Seu Filho bendito por nós todos deu" (CC 15). Sim, a Deus seja a glória, pois Ele tem feito coisas tão maravilhosas! ALJ

Que grandes coisas você experimentou da mão de Deus?

As coisas tão maravilhosas do passado podem inspirar grande alegria, muita oração e enorme esperança.

DIA 72

ALÉM DAS ESTRELAS

Leitura: Salmo 8:1-9

...tua glória é mais alta que os céus! v.1

Em 2011, a Administração Nacional de Aeronáutica e Espaço (NASA) comemorou 30 anos de pesquisa espacial. Nessas três décadas, naves e ônibus espaciais levaram mais de 355 pessoas para o espaço e ajudaram a construir a Estação Espacial Internacional. Depois de aposentar cinco naves, a NASA passou a dar ênfase à exploração do espaço profundo.

A raça humana tem investido quantidades massivas de tempo e dinheiro, com o sacrifício da vida de alguns astronautas para estudar sobre a imensidão do Universo. Ainda assim, a evidência da majestade de Deus vai além do que podemos medir.

Quando pensamos no Escultor e Sustentador do Universo, que conhece cada estrela pelo nome (ISAÍAS 40:26), compreendemos por que o salmista Davi louva e enaltece a grandeza do Senhor (SALMO 8:1). Os dedos do Senhor estão na lua e nas estrelas que Ele ali colocou (v.3). O Criador dos céus e da Terra reina acima de tudo, mas continua perto dos Seus filhos amados, cuidando de cada um íntima e pessoalmente (v.4). Com amor, Deus nos concede poder, responsabilidade e o privilégio de cuidar e explorar o mundo que Ele nos confiou (vv.5-8).

À medida que observamos os nossos céus noturnos pontilhados de estrelas, nosso Criador nos convida a buscá-lo com paixão e perseverança. Ele ouve as orações e os cânticos de louvor que saem dos nossos lábios. *XED*

Amado Criador do Universo,
agradeço-te por pensares em nós.

A grandeza de Deus é evidente em Sua
surpreendente amplidão e íntima proximidade.

DIA **73**

CAMINHOS INESPERADOS

Leitura: 1 Reis 19:1-12

Quem me vê, vê o Pai. João 14:9

Em 1986, Levan Merritt, de 5 anos, caiu no cercado de gorilas em um zoológico da Inglaterra. Enquanto as pessoas gritavam por ajuda, Jambo, um macho adulto colocou-se entre o garoto e os outros gorilas e tocou delicadamente nas costas da criança. Quando Merritt chorou, Jambo conduziu os outros gorilas ao cercado deles, enquanto o menino era resgatado. Mais de 30 anos se passaram e Meriti ainda fala sobre esse gigante gentil — seu anjo da guarda que agiu de maneira inesperada e mudou para sempre sua percepção dos gorilas.

Talvez, Elias esperasse que Deus agisse de determinada forma, mas o Deus dos deuses usou um vento forte, o terremoto e fogo para mostrar ao profeta como *não* pensar nele. Depois, Deus usou um sussurro suave para revelar Seu coração e manifestar Sua presença (vv.11,12).

Elias já havia visto o poder de Deus (18:38,39), mas não compreendia totalmente Aquele que deseja ser conhecido como mais do que o maior e mais temível dos deuses (19:10,14).

Por fim, aquele sussurro suave teve completo significado quando Jesus disse: "Quem me vê, vê o Pai" (JOÃO 14:9). Ele silenciosamente permitiu ser pregado no madeiro — um ato inesperado e compassivo do Deus que nos ama. MRD

*Pai celestial, ajuda-nos a extrair coragem do
Teu sussurro — e dos caminhos do Teu Filho. Tem misericórdia
de nós por não enxergamos além do Teu poder
e contemplarmos um amor que mal começamos a conhecer.*

**Deus não gritará se precisarmos
de apenas um sussurro.**

DIA **74**

AQUELE QUE ACALMA AS TEMPESTADES

Leitura: Mateus 14:23-33

Imediatamente, porém, Jesus lhes disse: "Não tenham medo! Coragem, sou eu!". v.27

João compartilhava furiosamente sobre os problemas que encontrava com sua equipe de trabalho: divisão, atitudes de julgamento e mal-entendidos. Depois de uma hora ouvindo pacientemente suas preocupações, sugeri: "Vamos perguntar a Jesus o que Ele quer que façamos nesta situação". Ficamos em silêncio por 5 minutos e algo incrível aconteceu. Sentimos que a paz de Deus nos envolveu como um manto suave. Ficamos mais calmos ao experimentar a presença e orientação de Deus e nos sentimos confiantes para enfrentar as dificuldades.

Pedro, um dos discípulos de Jesus, precisava da presença reconfortante de Deus. Certa noite, ele e os outros discípulos navegavam pelo mar da Galileia, quando uma forte tempestade surgiu. De repente, Jesus apareceu andando sobre as águas! Naturalmente, isso pegou os discípulos de surpresa. Jesus assegurou-lhes: "Não tenham medo! Coragem, sou eu" (v.27). Pedro impulsivamente perguntou a Jesus se poderia se juntar a Ele e, saindo do barco, caminhou em direção a Jesus. Mas Pedro desviou sua confiança, tomou consciência da perigosa e humanamente impossível circunstância em que estava e começou a afundar. Ele clamou: "Senhor, salva-me!". E Jesus amorosamente o resgatou (vv.30,31).

Como Pedro, podemos aprender que Jesus, o Filho de Deus, está conosco mesmo nas tempestades da vida! *EPE*

*O que você pode fazer para mudar o seu foco
da tempestade para o Salvador e Consolador?*

**Jesus, obrigado por teres o poder e a autoridade
para acalmares as tempestades em nossa vida.**

DIA **75**

CONFIE NA SUA ARMADURA

Leitura: 1 Samuel 17:34-39

"Está bem, então vá", disse. "E que o
Senhor esteja com você!" v.37

Eu era um jovem escritor e me sentia inseguro quando participava de oficinas de redação. Ao redor via apenas salas cheias de bons escritores, pessoas com treinamento formal ou muita experiência. Eu não tinha nenhum dos dois, mas tinha o ouvido educado pela linguagem, tom e cadência da versão bíblica *King James*. Era a minha defesa, por assim dizer, era o que eu sabia fazer, e permitir que essa versão bíblica moldasse o meu estilo de escrita e opinião tornou-se uma alegria para mim, e espero que a outros também.

Davi não nos passou a impressão de insegurança quando se recusou a usar a armadura de Saul para combater Golias (vv.38,39). Ele simplesmente nem conseguia se mexer, no entanto, percebeu que a armadura de um homem pode ser a prisão do outro e disse: "Não consigo andar com tudo isso" (v.39). Davi confiava no que conhecia. Deus o preparou com o que era necessário para aquele momento (vv.34,35). Ele estava acostumado com a funda e as pedras, sua armadura, e, naquele dia, Deus as usou para trazer alegria ao exército de Israel.

Você já se sentiu inseguro e pensou: *Se eu tivesse o que outra pessoa tem, então minha vida seria diferente?* Reflita sobre os dons ou experiências que Deus deu especificamente a você. Confie na "armadura" que Deus lhe concedeu.   JB

*Você já invejou a armadura de outro? De que maneira
a sua armadura pode ser exatamente o que você precisa hoje?*

**Senhor, às vezes é fácil sentir-me inseguro.
Ajuda-me a confiar que me deste exatamente o que preciso.**

DIA **76**

NOSSO PAI QUE CANTA

Leitura: Sofonias 3:14-20

...o Senhor, seu Deus, está com vocês; [...] lhes dará nova vida. Ele cantará e se alegrará... v.17

Antes de sermos pais, ninguém nos falou sobre o quanto era importante cantar. Meus filhos hoje têm 6, 8 e 10 anos e os três tiveram problemas para dormir. Toda noite, minha esposa e eu nos revezávamos para embalá-los, orando para que adormecessem logo. Passei horas embalando cada um, sussurrando desesperadamente canções de ninar na expectativa de acelerar o processo. Mas, ao cantar para as crianças noite após noite, algo incrível acontecia: eu aprofundava meu elo de amor e alegria com eles, de maneira que eu jamais imaginara.

Você sabia que as Escrituras descrevem o nosso Pai celestial cantando para os Seus filhos? Assim como eu cantava para acalmar os meus filhos, Sofonias retrata o Pai celestial cantando para o Seu povo: "...Deus ficará contente com vocês e por causa do seu amor lhes dará nova vida. Ele cantará e se alegrará" (v.17).

O profeta alerta sobre um tempo de juízo para quem rejeitar a Deus. Porém, ele não conclui o livro com juízo, mas com uma descrição de Deus resgatando o Seu povo de todo o seu sofrimento (vv.19,20), amando-o e alegrando-se com cânticos (v.17).

Nosso Deus é o "Salvador poderoso" que salva e restaura (v.17) e também o Pai que entoa carinhosamente as canções de amor para nós. ARH

Pai, agradeço-te por te alegrares em nós a ponto de cantares! Ajuda-nos a compreender o Teu amor e a "ouvir" as Tuas canções.

Nosso Pai celestial se deleita em Seus filhos assim como um pai que canta para o filho recém-nascido.

DIA **77**

ABRIGO NA TEMPESTADE

Leitura: Êxodo 33:12-23

Quando minha presença gloriosa passar, eu o colocarei numa abertura da rocha e o cobrirei com minha mão... v.22

Como diz a história, em 1763, um jovem ministro que viajava por uma estrada à beira do penhasco em Somerset, Inglaterra, entrou numa caverna para escapar dos relâmpagos e da chuva forte. Ao olhar para a Garganta de Cheddar, refletiu sobre a bênção de encontrar abrigo e paz em Deus. Estando lá, começou a escrever o hino *Rocha Eterna* (HP Novo Cântico-136), com suas memoráveis linhas de abertura: "Rocha Eterna, meu Jesus, quero em ti me refugiar".

Não sabemos se Augustus Toplady pensou na experiência de Moisés na fenda de uma rocha enquanto escrevia o hino (v.22), mas talvez sim. O relato do Êxodo fala de Moisés buscando a confirmação e a reação de Deus. Quando ele pediu a Deus para lhe revelar Sua glória, o Senhor respondeu-lhe graciosamente, sabendo que "ninguém pode [vê-lo] e continuar vivo" (v.20). Ele colocou Moisés numa fenda da rocha quando passou deixando que apenas visse as Suas costas. E Moisés reconheceu que Deus estava com ele.

Podemos confiar que, assim como Deus disse a Moisés: "Acompanharei você pessoalmente..." (v.14), assim também nós podemos encontrar refúgio nele. Podemos experimentar muitas tempestades em nossa vida, como Moisés e o jovem ministro desse texto, mas, quando clamarmos ao Senhor, Ele nos concederá a paz resultante da Sua presença.

ABP

Em sua vida, como você vê a presença amorosa de Deus durante as tempestades? De que maneira você experimenta a presença do Senhor hoje?

Deus Pai, ajuda-me a confiar que estás comigo, mesmo durante as tempestades da minha vida.

DIA **78**

FIQUE FIRME!

Leitura: Isaías 41:8-13

...Eu o fortalecerei e o ajudarei; com minha vitoriosa mão direita o sustentarei. v.10

Meu sogro completou 78 anos, e durante as homenagens lhe perguntaram: "Qual é a coisa mais importante que você aprendeu em sua vida até agora?". A resposta? "Fique firme". Pode ser tentador descartar essas palavras como simplistas, mas ele não estava enaltecendo o otimismo ou o pensamento positivo. Ele suportou dificuldades, e sua determinação em insistir em manter-se firme não se fundamentou numa vaga esperança de que as coisas pudessem melhorar, mas na obra de Cristo em sua vida.

Fique firme — a Bíblia chama isso de perseverança, a qual não é possível apenas por força de vontade. Perseveramos porque Deus prometeu, repetidamente, que estará conosco, que nos dará força e realizará os Seus propósitos em nossa vida. Esta é a mensagem que Ele falou aos israelitas por meio de Isaías: "Não tenha medo, pois estou com você; não desanime, pois sou o seu Deus. Eu o fortalecerei e o ajudarei; com minha vitoriosa mão direita o sustentarei" (v.10).

O que é preciso para *ficar firme?* Isaías diz que o caráter de Deus é o fundamento para a esperança. Conhecer a bondade de Deus nos afasta do medo para que possamos nos apegar ao Pai e à promessa de que Ele proverá o que precisamos a cada dia: força, ajuda e a presença consoladora, capacitadora e defensora de Deus.   ARH

Você experimentou a provisão de Deus
em momentos de medo ou incerteza? O apoio
de outros cristãos pode ajudá-lo a permanecer firme?

Pai, ajuda-nos a lembrar da Tua promessa,
a nos fortalecer e a confiar nela todos os dias.

DIA **79**

HISTÓRIAS DE JESUS

Leitura: 1 João 1:1-4; João 21:24,25

Jesus também fez muitas outras coisas. João 21:25

Quando menina, eu amava visitar uma biblioteca local. Uma vez, olhando as estantes, achei que conseguiria ler todos os livros. Entusiasmada, esqueci que novos livros eram regularmente acrescentados às prateleiras. Embora eu me esforçasse, eram muitos.

Livros novos continuam a preencher mais estantes. O apóstolo João se surpreenderia com a disponibilidade de textos que temos hoje, já que seus cinco livros do Novo Testamento — o evangelho de João, as três epístolas e Apocalipse — foram escritos à mão e em pergaminhos.

João os escreveu porque se sentiu compelido pelo Espírito Santo a entregar aos cristãos o seu testemunho pessoal da vida e do ministério de Jesus (1 JOÃO 1:1-4). Mas seus escritos continham apenas uma pequena parcela de tudo o que Jesus fez e ensinou em Seu ministério. Na realidade, João afirmou que, se tudo o que Jesus fez fosse registrado, "nem o mundo inteiro poderia conter todos os livros que seriam escritos" (JOÃO 21:25).

A argumentação de João permanece verdadeira. Não obstante todos os livros que já foram escritos sobre Jesus, as livrarias do mundo ainda não podem conter todas as histórias sobre o Seu amor e graça. Podemos também celebrar o fato de termos as nossas histórias pessoais para compartilhar e as proclamaremos para sempre (SALMO 89:1)!

LMS

Escrever sobre o amor de Deus esvaziaria o oceano.
Nenhum pergaminho estendido de céu a Céu contaria tudo.
F. M. LEHMAN

Permita que a sua vida seja um relato
do amor e da graça de Cristo.

DIA **80**

O ATOR PRINCIPAL

Leitura: Salmo 118:6-9,21-25

Isso é obra do SENHOR. v.23

Ouvi sobre um aluno em treinamento que pregou em um proeminente seminário. O estudante estava orgulhoso de si mesmo e proferiu seu sermão com eloquência e evidente paixão. Sentou-se satisfeito, e o professor fez uma pausa antes de comentar: "Foi um sermão poderoso, bem esquematizado e tocante. O único problema foi Deus não ter sido o sujeito de uma única das suas frases". O professor destacou um problema com o qual todos nós lutamos algumas vezes: podemos falar como se fôssemos o ator principal (enfatizando o que fazemos, o que dizemos) quando, na verdade, Deus é o protagonista da vida. Frequentemente professamos que, de alguma maneira, Deus está "no comando", mas agimos como se todos os resultados dependessem de nós.

As Escrituras insistem que Deus é o verdadeiro sujeito de nossa vida, a verdadeira força. Até mesmo nossos atos de fé necessários são feitos "em nome do SENHOR", no poder do Senhor (vv.10,11). Deus encena nossa salvação. Deus nos resgata. Deus atende às nossas necessidades. "Isso é obra do SENHOR" (v.23).

Então, vá com calma! Não precisamos nos preocupar, comparar, trabalhar compulsivamente ou alimentar nossas muitas ansiedades. Deus está no comando. Precisamos apenas confiar na liderança do Senhor e obedecê-la. *WC*

Em que momentos você tende a pensar que é o ator principal da sua vida? Reflita sobre como Deus o convidou para permitir que Ele seja o centro de sua vida.

Deus, tenho apenas repetido que estás no comando e quero parar de agir assim. Ajuda-me a confiar em ti.

DIA 81

PERGUNTE AOS ANIMAIS

Leitura: Jó 12:7-10

Pergunte aos animais, e eles lhe ensinarão; pergunte às aves do céu, e elas lhe dirão. v.7

Extasiados, os nossos netos deram uma boa olhada, mais de perto, numa águia-de-cabeça-branca resgatada e até puderam tocá-la. Quando a voluntária do zoológico falou sobre a incrível ave, surpreendi-me ao saber que a extensão de asas daquele macho tinha quase 2 metros. Mas, por causa dos ossos ocos, pesava uns 3 quilos.

Lembrei-me da águia que eu vira pairando sobre um lago, pronta para mergulhar e agarrar a presa em suas garras. E imaginei outra ave grande — a garça-azul que eu avistara parada à beira de um lago, pronta para lançar o longo bico na água. Eram apenas duas aves entre as quase 10 mil espécies que fazem os nossos pensamentos se voltarem para o Criador.

No livro de Jó, seus amigos estão debatendo os motivos de seu sofrimento e perguntam: "você pode desvendar os mistérios de Deus?" (11:5-9). Jó responde: "Pergunte aos animais, e eles lhe ensinarão; pergunte às aves do céu, e elas lhe dirão" (v.7). Os animais são o testemunho verdadeiro de que Deus projetou a criação, a controla e tem cuidado dela: "Em suas mãos está a vida de todas as criaturas e o fôlego de toda a humanidade" (v.10).

Se Deus cuida das aves (MATEUS 6:26; 10:29), Ele com certeza nos ama e cuida de nós mesmo quando não entendemos nossas circunstâncias. Olhe ao redor e aprenda sobre o Senhor. ADK

*Senhor, abre os nossos olhos para vermos
e aprendermos mais de ti com a Tua criação.*

**A criação de Deus nos ensina
sobre o Senhor e Seu poder.**

DIA **82**

COISAS LINDAS E TERRÍVEIS

Leitura: Salmo 57

Desperte, minha alma! Despertem, lira e harpa! Quero acordar o amanhecer com a minha canção. v.8

O **medo pode** nos paralisar. Conhecemos todos os motivos para sentirmos medo — tudo o que nos feriu no passado e tudo que pode nos ferir novamente. De tal modo, que, às vezes, não conseguimos sair do lugar. *Simplesmente, não consigo. Não sou tão inteligente nem tão forte ou corajoso para aguentar sofrer assim novamente.*

Sou fascinado pela forma como o autor Frederick Buechner descreve a graça de Deus como uma voz suave que diz: "Eis o mundo. Coisas lindas e terríveis acontecerão. Não tenha medo; eu estou com você".

Coisas terríveis acontecerão. No nosso mundo, pessoas feridas ferem outras pessoas, e frequentemente, de maneira terrível. Como Davi, temos nossas histórias de quando o mal nos cercou, de quando os outros como "leões ferozes" nos feriram (v.4). E lamentamos e clamamos (vv.1,2).

Mas, porque Deus está conosco, coisas lindas também podem acontecer. Ao lhe entregarmos os nossos medos e dores, somos carregados por um amor maior do que o poder de alguém em nos ferir (vv.1-3), um amor tão profundo que se eleva até o céu (v.10). Até quando a calamidade nos cerca, o Seu amor é um sólido refúgio onde o nosso coração encontra a cura (vv.1,7). Até que um dia, amanheceremos com coragem renovada, prontos para saudar o dia com uma canção sobre a Sua fidelidade (vv.8-10).   MRB

Deus, agradeço-te por nos amparares e curares com o Teu amor. Ajuda-nos a encontrar coragem para seguir-te e compartilhar o Teu amor com os outros.

O amor e a beleza de Deus nos encorajam.

DIA **83**

MEU TESOURO SOBRE A ABÓBORA

Leitura: 2 Coríntios 4:7-18

...somos como vasos frágeis de barro [...] esse grande poder vem de Deus, e não de nós. v.7

Como mãe de primeira viagem, eu estava decidida a registrar o primeiro ano de vida da minha filha. Todo mês, eu tirava fotos para mostrar as mudanças e o seu crescimento. Numa das minhas fotos preferidas, ela está sentada numa abóbora comprada de um fazendeiro local. Lá estava ela; a alegria do meu coração cabia sentada numa abóbora. Nas semanas seguintes, a abóbora murchou, mas minha filha continuou a crescer e a se desenvolver.

Essa foto me faz lembrar a maneira como Paulo descreve *quem* é Jesus. Ele compara o fato de nosso coração conhecer Jesus a um tesouro dentro de um vaso de barro. Lembrar o que Cristo fez por nós nos enche de coragem e força para perseverarmos nas lutas embora sejamos pressionados "de todos os lados" (v.8). Pelo poder de Deus em nossa vida revelamos a vida de Jesus quando somos "derrubados, mas não destruídos" (v.9).

Como a abóbora que murchou, podemos sentir o desgaste causado por nossas provações. Porém a alegria de Jesus em nós pode continuar a crescer apesar desses desafios. Nosso conhecimento sobre quem Jesus é — Seu poder agindo em nossa vida — é o tesouro guardado dentro de nosso frágil corpo de barro. Podemos florescer ao enfrentar as dificuldades por causa do Seu poder que age em nosso interior. *KHH*

Pai, com o Teu poder, ajuda-me a suportar as provações que enfrento. Que os outros possam ver a Tua obra em minha vida e vir a conhecer-te também.

O poder de Deus habita e age em nós.

DIA **84**

A FONTE DA SABEDORIA

Leitura: 1 Reis 3:16-28

Dá a teu servo um coração compreensivo... v.9

Um **homem** processou uma mulher, alegando que ela estava com o cachorro dele. No tribunal, a mulher afirmou que o cachorro não poderia ser dele e contou ao juiz onde o havia comprado. A verdadeira identidade do proprietário foi revelada quando o juiz soltou o animal na sala. Balançando a cauda, ele correu imediatamente em direção ao homem!

Salomão, rei e juiz do antigo Israel, precisou resolver uma questão parecida. Duas mulheres diziam ser mãe do mesmo garotinho. Depois de considerar os argumentos de ambas, ele pediu uma espada para cortar a criança ao meio. A mãe verdadeira implorou que o rei desse o bebê à outra mulher, escolhendo salvar o filho mesmo que não pudesse tê-lo (v.26). Salomão entregou o bebê à *verdadeira mãe*.

Quando decidimos sobre o que é justo e moral, certo e errado, precisamos de sabedoria. Se realmente a valorizamos, podemos pedir a Deus um coração compreensivo, como Salomão o fez (v.9). E Deus pode responder nosso pedido ajudando-nos a equilibrar as nossas necessidades e desejos com os interesses dos outros. Ele também pode nos ajudar a comparar os benefícios imediatos com os ganhos de longo prazo (às vezes eternos) para que o honremos com a nossa vida.

Nosso Deus é um juiz sábio e um conselheiro disposto a nos conceder muita sabedoria (TIAGO 1:5). *JBS*

Deus, adoro-te, pois és a verdadeira fonte de sabedoria. Mostra-me como fazer escolhas honrosas ao Teu nome.

Precisa de sabedoria?
Busque-a na única Fonte capaz de oferecê-la: Deus.

DIA **85**

REBANHO TOLO, BOM PASTOR

Leitura: Ezequiel 34:7-16

Serei como o pastor que busca o rebanho espalhado. Encontrarei minhas ovelhas e as livrarei... v.12

Tenho um amigo que, durante um ano, trabalhou como pastor de ovelhas. "Elas são tão tolas e só comem o que está à sua frente", ele me disse. "Se já tiverem comido todo o capim, não vão em busca de um pasto fresco, mas começam a comer terra!".

Rimos, mas não pude deixar de pensar em quantas vezes a Bíblia compara os homens com as ovelhas. Não é de admirar que precisemos de um pastor! No entanto, como as ovelhas são tolas demais, precisam de um pastor que tome conta delas; e não de qualquer pastor, mas de um pastor que as cuide. Quando Ezequiel escreveu ao povo de Deus no exílio, cativos na Babilônia, comparou-os ao rebanho conduzido por maus pastores. Em vez de cuidar das ovelhas, os líderes de Israel as exploravam, aproveitando-se delas (v.3) e as abandonavam aos animais selvagens (v.5).

Porém, os israelitas tinham uma esperança: Deus, o Bom Pastor, prometera resgatá-los dos líderes exploradores. Prometeu levá-los para casa, colocá-los em bons pastos e lhes dar descanso. Ele curaria os feridos e buscaria os perdidos (vv.11-16). Expulsaria os animais selvagens para manter o rebanho a salvo (v.28).

Os membros do rebanho de Deus precisam de cuidado e direção. Somos abençoados por ter um Pastor que sempre nos conduz a pastos verdejantes! (v.14). *ALP*

Deus, agradeço-te pelo Teu cuidado por nós!
Mesmo quando não sabemos do que precisamos,
satisfazes todas as nossas necessidades.

Será que estou ouvindo a voz do meu Pastor?

DIA **86**

GRAÇAS POR QUEM DEUS É

Leitura: Salmo 95:1-7

Vamos chegar diante dele com ações de graças [...] pois o Senhor é o grande Deus... vv.2,3

Talvez, dentre os milhares de sentimentos impressos nos cartões, uma das frases mais tocantes seja esta simples afirmação: "Obrigado por você ser quem é". Se você a recebe, sabe que alguém se importa com sua pessoa; não por algo espetacular que você tenha feito por ela, mas por ser apreciado em sua essência.

Imagino que esse tipo de sentimento talvez indique uma das melhores formas de dizer "obrigado" a Deus. Por certo, há momentos em que Deus intervém em nossa vida de forma palpável, e dizemos algo como: "Obrigado, Deus, por me dares esse emprego". Mas, na maioria das vezes, podemos simplesmente dizer: "Obrigado, Deus, por seres quem tu és".

É isso que está por detrás de versículos como: "Deem graças ao Senhor, porque ele é bom; seu amor dura para sempre" (1 CRÔNICAS 16:34). Obrigado, Deus, por seres quem tu és — bom e amoroso. "Darei graças ao Senhor porque ele é justo" (SALMO 7:17) Obrigado, Deus, por seres quem és — o Santo. "Cheguemos diante dele com ações de graças [...] pois o Senhor é o grande Deus... (vv.2,3). Obrigado, Deus, por seres quem tu és — o Deus Altíssimo.

Quem Deus é. Isso é motivo suficiente para interrompermos o que estamos fazendo e agradecer a Sua presença entre nós. Obrigado, Deus, por seres Deus!   JDB

*Obrigado, Deus, por seres quem és — o Deus poderoso
que nos ama e recebe o nosso amor.
Obrigado pela Tua grandiosidade. Reverenciamos-te
com palavras e cânticos de louvor.*

**Há inúmeros motivos para agradecermos a Deus,
inclusive por ser quem Ele é!**

DIA 87

DEUS ESTÁ AQUI

Leitura: Oseias 6:1-6

...precisamos conhecer o Senhor; busquemos conhecê-lo! v.3

A **placa de** algumas casas diz: "Convidado ou não, Deus está presente". Uma versão moderna afirma: "Reconhecido ou não, Deus está aqui".
O profeta Oseias viveu no fim do século 8 a.C. (755–715) e escreveu palavras parecidas à nação hebraica. Ele encorajou os israelitas a "buscar" (v.3) conhecer Deus, porque eles o haviam esquecido (4:1). Ao esquecer a presença de Deus, o povo começou a afastar-se dele (v.12), e logo já não havia espaço para o Senhor nos pensamentos do Seu povo (SALMO 10:4).

A percepção simples, mas profunda, de Oseias nos faz lembrar de que Deus está perto e agindo em nossa vida tanto nas alegrias quanto nas tribulações.

Conhecer Deus talvez signifique que, quando somos promovidos, admitimos que Deus nos capacitou a concluir nosso trabalho a tempo e com o orçamento estipulado. Se o nosso financiamento imobiliário é rejeitado, reconhecer Deus nos ajuda a confiar que Ele agiu para o nosso bem.

Se não conseguimos entrar na faculdade que queremos, podemos reconhecer que Deus está conosco e ter consolo em Sua presença, mesmo em nosso desapontamento. Durante o jantar, reconhecer Deus pode nos lembrar da provisão de ingredientes e da cozinha onde preparamos a refeição.

Quando reconhecemos Deus, lembramo-nos de Sua presença no sucesso e na dor, sejam pequenos ou grandes. *LMS*

*Jesus, perdoa-me pelas vezes em que
me esqueço de ti. Ajuda-me a reconhecer a
Tua grandiosa presença em minha vida.*

**Deus está sempre presente
e cumprindo os Seus propósitos.**

DIA **88**

AMOR CONSTANTE

Leitura: Salmo 136:1-9

Deem graças ao Senhor, porque ele é bom.
Seu amor dura para sempre. v.1

"Eu te amo!", papai gritou quando eu bati a porta do carro e entrei na escola. Eu estava no sexto ano e, por meses, essa era a rotina de todas as manhãs. Ao chegarmos à escola, papai dizia: "Tenha um ótimo dia! Eu te amo!", e tudo que eu dizia era: "Tchau". Eu não estava zangada com ele nem o ignorando. De tão envolvida em meus pensamentos, não atentava para as palavras dele. No entanto, o amor do meu pai permaneceu firme.

O amor de Deus é assim e ainda mais: dura para sempre. A palavra hebraica que expressa esse tipo inabalável de amor é *hesed*. É usada repetidas vezes no Antigo Testamento e 26 vezes apenas no Salmo 136! Nenhuma palavra moderna pode captar plenamente o seu significado; nós o traduzimos como: "bondade", "benevolência", "misericórdia" ou "lealdade". *Hesed* é um amor que se baseia no compromisso da aliança, no amor que é leal e fiel. Mesmo que o povo de Deus tivesse pecado, mesmo assim o Senhor foi fiel em amá-los. O amor constante é parte que integra o caráter de Deus (ÊXODO 34:6).

Quando eu era criança, às vezes achava que o amor do meu pai me era devido. De vez em quando, faço o mesmo com o amor do meu Pai Celestial. Esqueço de ouvi-lo, responder-lhe e ser grata. No entanto, sei que o amor do Pai por mim é firme e isso me garante uma base segura para toda a minha vida. ALP

Deus, louvamos-te por Teu amor inabalável por nós!
Mesmo quando somos infiéis, tu és fiel.

Demonstre o amor de Deus a alguém hoje.

DIA **89**

CANÇÃO DE AMOR DOS CÉUS

Leitura: Apocalipse 5:1-13

Nós amamos porque ele nos amou primeiro.
1 João 4:19

Em **1936,** o compositor Billy Hill lançou um *hit* popular intitulado *The Glory of Love* (A glória do amor). Em pouco tempo, a nação estava cantando sobre a alegria de fazer pequenas coisas por amor ao outro. Cinquenta anos mais tarde, o letrista Peter Cetera escreveu uma canção mais romântica com um título similar. Ele imaginou duas pessoas vivendo para sempre, conhecendo-se, e que tudo fizeram para enaltecer o amor.

Apocalipse, o último livro da Bíblia, descreve uma nova canção de amor que, um dia, será cantada por todos no Céu e na Terra (5:9,13). No entanto, a música começa com uma pequena nota de pesar. João, nosso narrador, chora, não vendo a resposta para tudo que deu errado com o mundo (vv.3,4). Mas seu espírito se ilumina e a música atinge um *crescendo* (vv.12,13) quando João aprende a verdadeira glória e a história do amor. Logo ele ouve toda a criação louvando o poderoso Rei Jesus, "o Leão da tribo de Judá" (v.5), que conquistou o coração dos Seus súditos, sacrificando-se amorosamente, como um Cordeiro, em nosso socorro (v.13).

Nas letras mais comoventes já cantadas, vemos por que até mesmo os simples atos de bondade se elevam nas notas de uma canção. A glória sobre a qual cantamos reflete a essência do nosso Deus. Cantamos sobre o Senhor porque Ele nos deu a nossa canção.

MRD

Pai, por favor, ajuda-nos a reconhecer
que mesmo os menores atos de amor e bondade
podem nos lembrar do Teu amor por nós.

De que maneira podemos agradecer
a Deus hoje com simples atos de bondade?

DIA **90**

A CARTA DO AMOR DE DEUS

Leitura: João 1:1-14

...a Palavra se tornou ser humano [...]
e habitou entre nós [...] E vimos [...] a glória
do Filho único do Pai. v.14

Todo fim de ano, um amigo meu escreve uma longa carta à sua esposa, revendo os acontecimentos do ano e sonhando com o futuro. Ele sempre lhe diz o quanto a ama e o porquê. Ele também escreve uma carta para cada uma de suas filhas. Suas palavras de amor se tornam um inesquecível presente que reflete o seu amor.

Para nós, a primeira carta do amor de Deus foi Jesus, a Palavra que se transformou em carne. João destaca isso no evangelho: "No princípio, aquele que é a Palavra já existia. A Palavra estava com Deus, e a Palavra era Deus" (v.1). Na filosofia antiga, *logos* significa *palavra* e sugere uma mente divina ou um preceito que o traz à existência, mas João expande a definição para revelar a Palavra como uma *pessoa*: Jesus, o Filho de Deus que estava "com Deus no princípio" (v.2). Essa Palavra, o "Filho único" do Pai, "se tornou ser humano" (v.14). Através de Jesus, a Palavra, Deus se revela perfeitamente.

Os teólogos lutam com esse belo mistério por séculos. Por mais que não possamos entender, podemos ter a certeza de que Jesus, sendo a Palavra, ilumina o nosso mundo sombrio (v.9). Se crermos nele, também poderemos experimentar a dádiva de sermos os filhos amados de Deus (v.12).

Jesus, a carta do amor de Deus para o mundo é o nosso maravilhoso presente!   *ABP*

*Senhor Jesus Cristo, tu és a Palavra de Deus
e trazes luz à minha vida. Que eu possa resplandecer
a Tua bondade, a Tua graça e trazer-te honra.*

**De que maneira você pode compartilhar
o maravilhoso presente, Jesus, com os outros hoje?**